REVUE CONGOLAISE DE DROIT ET DES AFFAIRES

5-7, rue de l'Ecole-Polytechnique, 75005 Paris

http://www.librairieharmattan.com
diffusion.harmattan@wanadoo.fr
harmattan1@wanadoo.fr

ISBN : 978-2-296-56527-2
EAN : 9782296565272

REVUE CONGOLAISE DE DROIT ET DES AFFAIRES

Numéro 6

Éditorial
Les avancées du droit des affaires en Afrique, par Inès FÉVILIYÉ

ARTICLES

I. Présentation de la loi de finances 2011 du Congo-Brazzaville
par FFA Juridique et Fiscal (Cabinet Ernst &Young)
II. De l'attractivité économique du droit des sûretés réelles OHADA,
par Dalé Hélène LABITEY

CHRONIQUE OHADA

Entreprendre avec l'OHADA,
par Carmen FÉVILIYÉ
Chronique parue dans les Dépêches de Brazzaville

I. Les formes juridiques de société
II. Les formalités de constitution d'une société
et le statut de groupement d'intérêt économique
III. Les sociétés de fait et les aides au financement
IV. Le bail commercial
V. Les garanties de financement, avec
Guy-Auguste LIKILLIMBA
VI. Le contrat de vente commerciale
VII. Le fonds de commerce
VIII. N'est pas commerçant qui veut !
IX. Le transport routier de marchandises doit faire l'objet d'un contrat
X. La rémunération des dirigeants d'entreprises, avec Crespin SIMEDO

REVUE CONGOLAISE
DE DROIT ET DES AFFAIRES

L'HARMATTAN

REVUE CONGOLAISE DE DROIT ET DES AFFAIRES
rcdroit@yahoo.fr

Directrice de la Revue : Inès Féviliyé

Pour proposer des articles, des notes de jurisprudence et des commentaires de textes : les adresser par pièce jointe (format Word) à l'e-mail suivant : rcdroit@yahoo.fr. Indiquer les noms, prénoms, fonctions, adresse et téléphone.

La Revue Congolaise de Droit et des Affaires est disponible :

- Au Congo-Brazzaville au prix de 5 000 FCFA, à Brazzaville (Librairies Papyrus, Burostock, Les Dépêches de Brazzaville, Papeterie centrale, librairie Gutenberg, librairie L'Harmattan Congo), à Pointe-Noire (Librairie Paillet, Maison de la presse). Sur commande et abonnement à rdroit@yahoo.fr
- En République Démocratique du Congo (RDC), à la Librairie L'Harmattan. Sur commande et abonnement à rdroit@yahoo.fr
- Dans l'Espace OHADA, au prix de 5000 FCFA sur commande et abonnement à rcdroit@yahoo.fr
- En France au prix de 20 euros, à Paris (Librairies Galerie Congo, Dalloz, LGDJ, L'Harmattan, Présence Africaine). Sur commande et abonnement à rcdroit@yahoo.fr

Voir Formulaires d'abonnements en fin de Revue

SOMMAIRE

ÉDITORIAL
LES AVANCÉES DU DROIT DES AFFAIRES EN AFRIQUE

Les réformes intervenues en droit des affaires de l'Organisation pour l'Harmonisation du Droit des Affaires en Afrique (OHADA), notamment la révision de l'Acte uniforme relatif aux sociétés commerciales et au groupement d'intérêt économique (GIE) et celle de l'Acte uniforme sur les sûretés prouvent, s'il en était encore besoin, les efforts des pays signataires pour favoriser le développement des affaires.

Plus de dix ans après l'entrée en vigueur de ces Actes uniformes, des ajustements étaient nécessaires.

Comme l'était aussi l'étude de leur impact pays par pays sur les différentes économies dans lesquelles ils s'appliquent. Le sondage annuel qu'offrent les rapports *Doing Business* de la Banque Mondiale qui classent année après année les pays signataires de l'OHADA en queue de peloton de la « facilité à faire des affaires » dans le monde laisse penser que la réglementation de l'OHADA n'a pas encore atteint son objectif.

Loin de prendre partie dans la querelle qui opposent les partisans et les pourfendeurs de ces rapports, force est de constater que la réglementation de l'OHADA ne suffit pas à elle seule à améliorer le climat des affaires dans les pays signataires, même si elle y contribue profondément.

Les mesures d'accompagnement relevant de la souveraineté des États parties et qu'analysent justement les rapports *Doing Business* sont encore défaillantes. Il ne peut y avoir d'avancées décisives tant que les règles et les dispositifs instaurés par l'OHADA ne sont pas effectifs.

A l'attractivité de la réglementation de l'OHADA que les dernières réformes ont renforcée, ce dont rend compte le deuxième article de ce numéro 6 de la *Revue Congolaise de Droit et des Affaires*, on peut opposer les contradictions et le manque de visibilité des droits internes, notamment en matière fiscale, comme le relève le commentaire de la loi de finances 2011 de la République du Congo, même s'il existe des mesures positives comme l'abaissement de 36 à 35% du taux de l'Impôt sur les sociétés.

La chronique OHADA sur les règles de constitution et de gestion des entreprises dans l'espace OHADA, qui conclut ce numéro, est éclairante sur la précision et la concision des règles édictées. Reste leur application qui dépend de la bonne volonté des décideurs publics.

L'objet de cette Revue et de toutes celles qui existent et qui se créent dans l'espace OHADA est de pousser à plus d'effectivité par la vulgarisation et le lobbying auprès des États.

Il est temps en effet que le droit OHADA remplisse son objectif qui est, on ne le rappellera jamais assez, le développement économique des États signataires par l'initiative privée nationale et internationale.

Inès FÉVILIYÉ
Directrice de la Revue Congolaise de Droit et des Affaires

ARTICLES

PRÉSENTATION DE LA LOI DE FINANCES 2011 DU CONGO-BRAZZAVILLE (LOI N°20-2011 DU 29 DÉCEMBRE 2010)

Par **FFA Juridique et Fiscal**
Cabinet Ernst &Young Congo-Brazzaville

La loi de finances (LF) pour 2011 a été votée le 29 décembre 2010 par le Parlement congolais et promulguée le même jour par le Président de la République. Elle a été publiée dans l'édition spéciale du Journal Officiel du 30 décembre 2010 sous le numéro n°20-2010 et est devenue effective sur tout le territoire de la République du Congo.

La Direction Générale des Impôts (DGI) a pris le 25 janvier 2011 une instruction d'application n°0037/MFBPP/DGI/DLC relative aux dispositions fiscales de la LF 2011 (ci-après dénommée « l'instruction d'application ou l'IA ») dans le but de « commenter l'ensemble des dispositions fiscales qui, d'une part, modifient les textes préexistants et d'autre part, instituent des dispositions nouvelles ».

Contexte de la loi de finances

La loi de finances 2011 a été prise dans un contexte de forte croissance économique. Le pays est moins endetté (annulation ou réduction des dettes par le Club de Paris et d'autres organismes) et les prévisions du Ministère chargé des finances situent à 11,5% le taux de croissance nationale pour 2011. L'économie congolaise connaît une réelle croissance grâce à l'augmentation des recettes pétrolières (cours moyen du baril USD 80 en 2010) mais également à une bonne reprise de l'activité économique dans le secteur non pétrolier, notamment le secteur forestier et le fer.

C'est donc dans un contexte économique très favorable que la loi de finances 2011 a été votée avec des mesures fiscales qui, selon l'instruction d'application, ont les objectifs suivants :

-L'élargissement de l'assiette des impôts ;

-La lutte contre la fraude et l'évasion fiscale ;

-La simplification du système fiscal et l'amélioration du dispositif fiscal ;

-La baisse de la pression fiscale pour la réduction de certains taux d'imposition.

Selon le Ministère chargé des finances, les recettes fiscales pour l'année 2011 devraient connaître une forte augmentation pour atteindre un niveau jamais égalé, 420 milliards de francs CFA.

Il ressort de la loi LF 2011 et de l'instruction d'application les principales mesures suivantes :

1. Baisse du taux de l'impôt sur les sociétés et de la cotisation du Fonds National pour l'Habitat (FNH)

A. Baisse du taux de l'impôt sur les sociétés

Après la baisse de 38 à 36 % consécutive à la loi de finances 2010, la LF2011 ramène le taux de l'impôt sur les sociétés (IS) à 35%. En conformité avec la Directive communautaire de la CEMAC du 3 août 2001 fixant une fourchette du taux de l'IS entre 25 et 40%, le législateur congolais souhaite baisser la pression fiscale afin de favoriser l'incitation à l'investissement et maintenir la relance économique. La moyenne du taux de l'IS dans la zone CEMAC (Communauté Économique et Monétaire d'Afrique Centrale) est de 35,58%, la République centrafricaine ayant le plus faible taux (30%) tandis que le Tchad se distingue avec le taux le plus élevé (40%). Cette moyenne reste élevée par rapport à celle de la zone UEMOA où les États tendent, conformément aux instructions des bailleurs de fonds internationaux, à adopter un taux plus incitatif (25% en Côte d'Ivoire et au Sénégal).

L'instruction d'application précise que le nouveau taux de 35% sera applicable aux résultats des états financiers clos le 31 décembre 2011 qui seront déclarés en principe au 30 avril 2012.

S'agissant des acomptes de l'IS de l'année 2011 à payer, ils seront liquidés au taux de 35% sur la base, pour les sociétés anciennes, des résultats clos au 31 décembre 2010 et, pour les sociétés nouvelles, du bénéfice forfaitaire correspondant à 5% du capital libéré.

Pour mémoire, les différents taux de l'IS applicables au Congo sont les suivants :

30% pour, d'une part, les établissements publics et organismes d'État jouissant d'une autonomie financière et d'autre part, les associations, se livrant à une exploitation ou à des opérations sans but lucratif, à raison de l'occupation ou de la location de leurs immeubles, ainsi que des revenus des capitaux mobiliers dont ils disposent et non soumis à l'IRVM[1] ;

35% pour les personnes morales étrangères visées aux articles 126 ter et suivants du code général des impôts ;

30% pour les sociétés immobilières.

---

[1] Impôt sur les Revenus des Valeurs Mobilières.

Il faut enfin noter que la LF 2011 n'a pas modifié les taux de l'IS applicables aux exploitations de carrières et les exploitations minières. Pour rappel, la loi n°4-2005 du 11 avril 2005 portant Code minier en République du Congo prévoit en son article 159 que : « le taux de l'impôt sur les bénéfices des sociétés sont tels que prévus par le Code général des impôts : 20% pour les exploitations de carrières ; 30% pour les exploitations minières ».

Ces taux ne figurent pas dans le CGI congolais.

B. Baisse du taux de la cotisation patronale au Fonds National de l'Habitat (FNH)

La LF 2011 a ramené le taux de la contribution patronale au Fonds National de l'Habitat (FNH) de 2 à 1%. L'Instruction Administrative (IA) précise que cette contribution « concerne tous les employeurs, sans référence à un assujettissement antérieur à la taxe ONEMO[2]».

En d'autres termes, la cotisation FNH concerne tous les employeurs, y compris ceux qui soutenaient qu'ils n'étaient pas assujettis au paiement de la cotisation ONEMO (il s'agit plutôt ici de la cotisation SOPROGI[3]) que la contribution FNH a remplacée.

Il apparaît que la LF 2011, en réduisant le taux de la cotisation FNH à 1%, entend mettre un terme aux diverses controverses que suscite la cotisation pour le FNH depuis la promulgation de la loi de finances pour 2008, notamment en ce qui concerne son interprétation et son application. Cette loi dispose que : « l'assiette, le contrôle et le recouvrement de la cotisation patronale pour l'habitat sont assurés par l'administration fiscale comme en matière de taxe forfaitaire sur les salaires prévue par le code général des impôts », cette disposition devait être appliquée au titre des salaires versés au mois de mars 2008. Elle a posé des problèmes d'interprétation dans la mesure où certains vérificateurs fiscaux ont considéré que l'assiette de la cotisation FNH ne devait plus être plafonnée à 600 000 FCFA, selon les dispositions prévues par un décret du 31 décembre 1999, mais était identique à celle relative à la taxe forfaitaire sur les salaires. Ce qui était contestable.

L'instruction administrative de 2011 ne se prononce pas sur la question de l'assiette (plafonnement ou déplafonnement) et se contente de préciser que cette contribution « concerne tous les employeurs, y compris l'État ».

Même si le pragmatisme impose de prendre acte de ces nouvelles mesures, il n'en demeure pas moins qu'au plan strictement juridique, le

[2] Office National de l'Emploi

[3] Société de promotion et de gestion immobilière

débat demeure ouvert sur le plafonnement et le déplafonnement de l'assiette de cette cotisation tant que le décret de 1999 n'est pas abrogé.

2. Simplification de l'évaluation des avantages en nature

L'article 37 du code général des impôts soumet à l'Impôt sur les Revenus des Personnes Physiques (IRPP), les traitements, indemnités, remises, gratifications, salaires, primes, émoluments de toute nature qui rémunèrent une activité exercée dans le cadre d'un contrat de travail.

Par ailleurs, l'article 39-1 du CGI, tome 1, précise que pour la détermination de la base d'imposition, il doit être tenu compte du montant net des traitements, indemnités, allocations et émoluments, salaires, pensions et rentes viagères ainsi que de tous les avantages en argent et en nature accordés aux intéressés.

Les avantages en nature sont évalués comme suit :

Logement : 20% du salaire brut

Domesticité, gardiennage : 7% du salaire brut

Eau, éclairage, gaz : 5% du salaire brut

Téléphone : 2% du salaire brut

Voiture : 3% du salaire brut

Nourriture : 20% du salaire brut.

La nouvelle rédaction de cet article prévoit désormais que « chaque avantage est retenu pour son montant réel lorsque celui-ci est connu », alors qu'auparavant, chaque avantage en nature était retenu pour son montant réel lorsque celui-ci était supérieur aux forfait précités. Pour les biens amortissables inscrits à l'actif du bilan de l'entreprise, ce montant correspondait à l'annuité d'amortissement.

Exemple : un salarié gagne un salaire brut mensuel de 1 200 000 FCFA (comprenant toutes primes et indemnités imposables) avec prise en charge de l'employeur d'un loyer de 300 000 FCFA au titre d'un bail conclu par ce dernier (ou l'employé). Le brut imposable à l'IRPP sera de 1 500 000 FCFA et non 1 440 000 FCFA. Dans l'hypothèse où le loyer est de 150 000 FCFA, le brut imposable sera de 1 350 000 FCFA.

La nouvelle LF 2011 consacre donc la primauté de la valeur réelle de l'avantage en nature, c'est-à-dire celle qui est facturée et prise en charge par l'employeur, sur la valeur forfaitaire. Cette nouvelle mesure devrait également aboutir, d'une part pour les salariés bénéficiaires d'avantages en nature, à une certaine baisse de la base des salaires soumise aux impôts et taxes sur les salaires et d'autre part pour les employeurs à adapter leur logiciel « paie » avec prise d'effet au 1er janvier 2011.

3- Codification du régime fiscal « précaire » des sociétés de sous-traitance pétrolière de droit congolais

3. 1. L'article 126 sexiès du tome 1, livre 1er

3. 1. 1- Rappel du régime antérieur

Ce texte définit les sociétés qui doivent être soumises au régime dérogatoire de l'impôt sur les bénéfices des sociétés. Avant la LF 2011, l'article 126 sexiès du CGI était libellé comme suit : « toutes les personnes morales ayant leur siège social au Congo, ou celles qui exercent au Congo une activité industrielle, commerciale, agricole ou de prestation de service, par dérogation de l'article 31 bis du CGI et qui sont liées aux sociétés de recherche, de production et d'exploitation pétrolière installées ou opérant au Congo par un contrat, sont imposées selon les dispositions des articles 126 ter, 126 quarter et 126 quinquiès du présent code, quel que soit le lieu d'exécution du contrat ».

Ces dispositions sont également applicables aux sociétés cocontractantes dans le cadre des contrats de prestation de services, intégrant une chaîne d'intervenants.

Les conditions d'application de cet article avaient été précisées par la notre d'instruction n°0765/MEFB-DGI-DLC du 11 octobre 1999 du Directeur Général des Impôts.

En vertu de la note d'instruction précitée, les dispositions de l'article 126 sexiès sont applicables aux sociétés de droit congolais qui sont liées de façon exclusive ou non à des sociétés pétrolières.

Sur le point 4-2-2 de la note d'instruction relatif aux modalités d'imposition, « la société de droit commun dont l'activité principale est de fournir des biens, des services ou d'exécuter des travaux directement liés par nature à l'activité de prospection, de recherche, de développement et d'exploitation des hydrocarbures bruts est, pour l'ensemble de son chiffre d'affaires, intégralement soumise au régime dérogatoire ».

La note d'instruction ajoute que : « la société de droit commun qui n'a pas pour vocation, de par son objet social, de fournir des biens, des services ou d'exécuter des travaux pétroliers demeure au droit commun. Cependant, elle acquitte l'IS forfaitaire si son chiffre d'affaires avec une ou plusieurs sociétés pétrolières et de sous-traitance pétrolière est supérieur ou égal à 70% du chiffre d'affaires global.

3.1.2. La LF 2011 a codifié et précisé le régime précaire des sous-traitants pétroliers

La LF 2011 a ajouté deux nouveaux paragraphes à l'article 126 sexiès

Le premier concerne les sociétés congolaises dont l'objet social est lié au secteur pétrolier,

Et le second concerne les sociétés congolaises dont l'objet social n'est pas spécifique au secteur pétrolier amont.

Sur l'assujettissement des sociétés de droit congolais au régime précaire de l'article 126 ter

Le premier paragraphe de la LF 2011 dispose que : « les personnes morales de droit congolais dont l'activité exclusive est de fournir des biens, des services et d'exécuter des travaux directement liés par nature à l'activité de recherche, de production et d'exploitation des hydrocarbures bruts sont de plein droit soumises au régime dérogatoire visé ci-dessus ».

Ce paragraphe est spécifique aux sociétés de droit congolais ayant une activité exclusive de fourniture de biens et services directement liés par nature à l'activité pétrolière.

Sur les conditions de retour au régime de droit commun (régime normal)

Le second paragraphe dispose que : « les personnes morales de droit congolais ayant une activité non exclusive avec les sociétés pétrolières installées ou opérant au Congo sont soumises au régime dérogatoire lorsque le chiffre d'affaires résultant de l'activité pétrolière est supérieur ou égal à 70% du chiffre d'affaires global. Toutefois, le retour de ces personnes morales au régime de droit commun s'effectue dès l'année qui suit celle de la constatation de l'abaissement du chiffre d'affaires en dessous de 70%, sous réserve d'une demande adressés au directeur général des impôts qui se prononce dans les trois mois de la demande, après audit des comptes. »

Il découle de cet alinéa les deux conséquences ci-après :

- Pour les personnes morales de droit congolais ayant une activité non exclusive avec les sociétés pétrolières, ce paragraphe précise les conditions d'assujettissement au régime dérogatoire. Ainsi, lorsque ces sociétés réalisent un chiffre d'affaires résultant de l'activité pétrolière inférieur à 70% du CA global hors taxes, elles demeurent soumises au régime de droit commun. Cependant, lorsque ce chiffre d'affaires atteint ou dépasse la limite de 70% du CA global hors taxes, la société congolaise est d'office assujettie au régime dérogatoire dès le 1er janvier de l'année qui suit la clôture de cet exercice.

Il convient de préciser que contrairement à la doctrine administrative de 1999 précitée qui visait à la fois le « chiffre d'affaires avec une ou plusieurs sociétés pétrolières et de sous-traitance pétrolière », ni la LF 2011, ni son instruction d'application ne font référence au chiffre d'affaires réalisé avec les sociétés de sous-traitance pétrolière.

Toutefois, dans la mesure où dans la pratique, pour l'appréciation du seuil de 70%, le chiffre d'affaires (CA) pris en compte était celui réalisé à la fois avec les compagnies pétrolières et les sociétés de sous-traitance pétrolière dès lors que le CA est lié à l'activité pétrolière (c'est-à-dire à l'activité de prospection, de recherche, de développement et d'exploitation des hydrocarbures bruts), le CA réalisé avec les sociétés de sous-traitance devrait être pris en compte pour l'appréciation du seuil.

-Les conditions de retour au régime de droit commun

Les nouvelles dispositions précisent les conditions de retour au régime de droit commun pour la société qui constate un CA pétrolier en dessous de 70% au 31 décembre de l'année d'imposition au régime dérogatoire. Ainsi, la société congolaise est en droit de demander son retour à l'imposition de droit commun pour l'année n+1 en adressant une demande écrite à la Direction Générale des Impôts au plus tard le 30 avril de l'année n+1.

L'administration fiscale est tenue de répondre dans un délai de trois mois au-delà duquel l'absence de réponse sera considérée comme un accord tacite.

Il convient également de préciser que le défaut de demande de changement de régime imposable ou la demande après ce délai vaut acceptation tacite de la continuité de l'imposition au régime dérogatoire.

Toutefois, on note que le sort de l'impôt forfaitaire qui serait acquitté pendant la période d'instruction de la requête de l'entreprise n'est réglé ni par la LF 2011, ni par ses commentaires. En pareille hypothèse, compte tenu du fait que les modalités de remboursement n'ont pas été précisées et pour éviter les désagréments et les lenteurs liées aux demandes de restitution de crédit d'impôt, il est conseillé aux entreprises qui estiment que leur CA de l'année avec le secteur pétrolier sera inférieur au seuil de 70% de transmettre avant le 31 décembre la demande de changement et obtenir de la DGI la suspension des paiements de l'IS forfaitaire en attendant la réponse de cette dernière.

4. Obligations déclaratives pour le secteur pétrolier

La LF 2011 a, d'une part, précisé les obligations déclaratives incombant aux sociétés sous-traitantes pétrolières et a, d'autre part, renforcé celles des compagnies pétrolières.

4.1. Précisions apportées aux obligations des sous-traitants pétroliers (modification de l'article 126 quater)

L'article 126 quater fixe les conditions de liquidation de l'IS forfaitaire. Cependant l'article 126 quater C/2 était mal libellé. En effet, il disposait que : « le défaut de déclaration par un contribuable des factures reçues, ainsi que l'inexactitude ou l'insuffisance de déclaration sont sanctionnées par une amende fiscale de 100 000 francs par élément omis ou incomplet ».

Cette rédaction était source de nombreux contentieux entre l'administration fiscale et les contribuables qui s'en prévalaient pour justifier le défaut de déclaration de leurs factures au moment de la déclaration et du paiement de l'IS forfaitaire. Or la volonté du législateur était plutôt d'exiger d'eux la déclaration des factures qu'ils émettent à l'égard des sociétés pétrolières.

C'est ainsi que la LF 2011 corrige justement cette erreur de rédaction en substituant la mention « factures reçues » par « factures émises ». Il est désormais clair que ce sont les sociétés sous-traitantes pétrolières qui sont tenues de produire les factures qu'elles ont émises.

L'IA précise que les « factures, ou à tout le moins la liste de ces factures, doivent être produites au moment de la déclaration et donc du paiement de l'IS par la société sous-traitante pétrolière ou son représentant ».

Les sanctions applicables en cas de non production des factures, d'inexactitude ou d'insuffisance de déclaration, demeurent l'amende de 100 000 FCFA par facture.

L'article 126 quater C1 énumère les éléments devant être indiqués dans la déclaration, à savoir la dénomination ou raison sociale, l'adresse, le numéro du contrat, le montant de l'IS forfaitaire, le mois et le montant hors taxe de la facture.

Il doit être précisé aux opérateurs économiques concernés que seul le défaut et l'inexactitude ou l'insuffisance concernant au moins un de ces éléments seront sanctionnés.

Il ne s'agit toutefois pas d'un cumul de sanctions sur des éléments en ligne directe de la même facture à déclarer.

4.2. Renforcement des obligations des opérateurs pétroliers

La LF 2011 a ajouté un alinéa 8 à l'article 126 quinquiès libellé comme suit : « le bordereau de déclaration doit obligatoirement être accompagné des factures reçues par les opérateurs pétroliers. Le défaut de production des factures reçues est sanctionné conformément aux dispositions de l'article 126 quater C/2 du présent code ».

Pour les compagnies pétrolières, ce nouvel alinéa est en fait le corollaire des nouvelles dispositions de l'article 126 quater C/2 relative à l'obligation pour les sociétés sous-traitantes pétrolières de déclarer les factures qu'elles ont émises. Outre le listing des factures, les opérateurs pétroliers sont désormais tenus de joindre au bordereau de déclaration trimestrielle les factures qu'elles ont reçues de leurs sous-traitants. A défaut, elles encourent en cas de contrôle une amende de 100 000 FCFA par facture.

Il est indéniable que cette nouvelle obligation déclarative vise à renforcer le contrôle de l'administration fiscale et lui permet d'opérer des revues croisées et des recoupements des éléments déclarés par les sous-traitants pétroliers et les compagnies pétrolières afin de mieux appréhender leurs revenus. Par ailleurs, l'obligation de transmettre les factures des sous-traitants est également un moyen pour l'administration fiscale d'analyser la nature des travaux fournis et d'apprécier notamment l'existence ou non d'un établissement stable.

4.3. Extension de la notion de représentant fiscal

L'article 185 ter, tome 1 du Livre 1, est complété par un quater. Pour mémoire, l'article 85 ter contient des dispositions particulières applicables aux personnes physiques ou morales de nationalité congolaise ou étrangère n'ayant ni domicile, ni résidence fiscale au Congo.

Cet article dispose que : « les personnes physiques ou morales de nationalité congolaise ou étrangère n'ayant ni domicile, ni résidence fiscale au Congo, font l'objet d'une retenue à la source dont le taux est fixé à 20%, pour autant qu'elles ont des revenus réalisés au Congo ou en provenant et/ou résultant de travaux ou prestations de toute nature exécutées, fournies ou utilisées au Congo ».

L'article 185 ter du Code général des impôts soumet donc à une retenue à la source de 20% les sommes payées par une entreprise congolaise à une personne physique ou morale non résidente au Congo. L'application de cette retenue suppose que les rémunérations soient payées par un débiteur établi au Congo à des bénéficiaires qui n'ont pas d'installation professionnelle permanente sur le territoire congolais. La retenue à la source est en principe à la charge du prestataire étranger qui en est le redevable légal. Elle doit être reversée à l'administration dans les 20 jours du mois suivant celui du paiement des sommes visées. A défaut, une pénalité égale au montant de l'impôt exigible peut être appliquée.

Quant au « quarter » introduit par la loi de finances pour 2011, il prévoit que : « les personnes visées à l'article 185 ter doivent justifier d'une représentation légale au Congo. Elles sont tenues à l'obligation de la retenue à la source prévue à l'article ci-dessus, soit directement soit par le biais de leur représentant légal dûment désigné. A défaut, la personne morale de droit congolais, partie prenante ou objet de la transaction, est d'office considérée comme représentant légal ».

4.4. Les prestataires de services domiciliés à l'étranger doivent justifier d'une représentation légale au Congo

Il s'agit d'une innovation majeure apportée dans le dispositif fiscal congolais. Avant la LF 2011, l'obligation de désigner un représentant fiscal n'existait, en vertu des dispositions actuellement en vigueur, uniquement qu'en matière de TVA et pour les sociétés exerçant des activités soumises à l'impôt forfaitaire de 7,7% (essentiellement les sous-traitants pétroliers).

Par exemple, en matière de TVA, l'absence de désignation d'un représentant fiscal a pour conséquence que le client du prestataire étranger est redevable de la TVA due au titre de la prestation facturée par le fournisseur étranger.

Dans ces deux cas, la notion de représentant fiscal est liée à une activité exercée par une société étrangère au Congo. Il est strictement impossible de soutenir que le fait d'être actionnaire d'une société corresponde à une activité.

Les services fiscaux ont eu à réclamer la retenue d'impôt sur des plus values réalisées par des non résidents en considérant la société locale comme le représentant légal de ces derniers. Cependant aucune disposition du CGI, avant la LF 2011, ne comportait l'obligation pour une entreprise étrangère de désigner un représentant fiscal au Congo et l'article 85 ter notamment n'en fait nulle mention. Dans ce contexte, il est possible de penser que l'institution du quater est (au moins) motivée par le souci des autorités fiscales de résoudre les récents litiges fiscaux par la taxation des entreprises congolaises.

Il est indéniable qu'avec l'institution du « quater », les nouvelles dispositions aggravent la charge fiscale des entreprises congolaises. En effet, outre le rôle de collecteur d'impôt, le client congolais est désormais considéré, en cas de non désignation d'un représentant fiscal au Congo par le prestataire domicilié à l'étranger, comme le représentant légal et pourra, de ce fait être recherché en paiement de tous impôts et taxes que les services fiscaux congolais pourraient réclamer au redevable étranger.

Qui plus est, une telle position nous paraît totalement superfétatoire car le client congolais, sans être représentant légal, est déjà tenu, en vertu des dispositions existantes, d'opérer la retenue d'impôt de 20% de l'article 185 ter, sinon il encourait des pénalités d'égal montant.

En fait, nous estimons que l'institution de ce « quater » cache une volonté des services fiscaux de pouvoir appréhender des revenus alors que leur taxation n'est pas clairement exprimée par le dispositif actuel congolais ; il s'agit principalement des revenus réalisés sur les plus-values par des non résidents sur des cessions de droits (parts sociales ou actions) d'une société de droit congolais. Cette interprétation est corroborée par l'exemple utilisé par l'IA pour préciser les nouvelles dispositions instituées par le « quater ». En effet, l'IA explique : « une société A de droit congolais a trois actionnaires A1, A2 et A3. Les actionnaires A2 et A3, non résidents au Congo, décident de vendre les actions qu'ils détiennent dans la société A. L'acte de vente est conclu dans un pays quelconque. Les impôts, droits et taxes relatifs à cette transaction et dont seraient redevables au Congo les actionnaires A2 et A3, sont à la charge de la société A au cas où les actionnaires A2 et A3 ne les auraient pas directement acquitté auprès de l'administration fiscale congolaise. »

Il est curieux de remarquer que l'IA utilise un exemple qui ne relève pas de l'article 185 ter qui, lui, fait référence expressément à une retenue à la source. La retenue de 20% à l'entreprise congolaise sur de telles opérations a été contestée auprès des services fiscaux.

La notion de retenue à la source, qu'il s'agisse de celle prévue à l'article 85 ter, de la retenue à la source de 5% sur les honoraires versés au Congo, de la retenue de 20% au titre des distributions de dividendes, de la retenue à la source sur les dividendes, de la retenue à la source sur les salaires et de la taxe immobilière qui constitue aussi une retenue à la source, implique toujours qu'il existe une relation entre une personne qui paie ou qui distribue et un bénéficiaire.

Or, dans l'exemple utilisé par l'IA, une telle condition n'est nullement remplie, car la société de droit congolais n'a effectué aucun paiement. Qui plus est, le principe même de retenue à la source de l'article 85 ter implique nécessairement une opération réalisée entre un prestataire et son client congolais, ce dernier assurant le rôle de collecteur de l'impôt. La société locale en tant que personne morale distincte des anciens actionnaires n'est ni cliente, ni employeur, ni loueur, ni distributrice de deniers quelconques par rapport à ces actionnaires A2 et A3. Le fait de vouloir réclamer l'impôt à la société locale A rencontrera des difficultés pratiques. En effet, l'on voit mal comment la société A pourrait matériellement opérer une retenue à la source sur des gains réalisés en dehors de toute intervention de sa part et dont, par ailleurs, elle pourrait parfaitement n'avoir pas connaissance des modalités de la transaction et notamment du montant. Cette impossibilité pour la société A d'opérer la retenue est encore plus manifeste si cette dernière est cotée en bourse ; en effet, comment alors taxer les gains successifs réalisés en bourse surtout lorsque l'on sait que les titres peuvent changer plusieurs fois de propriétaire en une journée.

La non taxation de ces gains substantiels réalisés en bourse romprait l'égalité fiscale car l'entreprise congolaise, non seulement sera poursuivie en tant que « représentante fiscale » pour acquitter l'impôt, mais aussi les services fiscaux pourraient lui refuser d'admettre cette charge d'impôt parmi les dépenses déductibles pour la détermination de son résultat imposable, en considérant que cet impôt ne lui incombe pas (ce qui est d'ailleurs très discutable dès lors que l'obligation légale pèse sur la société locale).

En définitive, l'exemple de l'IA est, en l'espèce, inopérant car il n'y a pas dans le CGI des dispositions qui prévoient la taxation des plus values sur cession de valeurs mobilières détenues par une filiale congolaise par une personne morale étrangère. Si les rédacteurs de mesures fiscales de la LF 2011 n'ont pas créé de nouvelles dispositions fiscales pour la taxation de telles plus-values, c'est surement pour ne pas davantage fragiliser leur position dans les dossiers de redressement en cours.

5. Institution d'une obligation de retenue pour les personnes visées à l'article 185 ter

Il apparaît, selon l'article 185 quater, que l'obligation d'opérer une retenue de 20% incombe au prestataire domicilié à l'étranger.

Cette nouvelle rédaction du « quater » paraît être en contradiction avec les dispositions du « ter » susvisées qui, au contraire, font peser l'obligation de retenue à l'entreprise congolaise, bénéficiaire des services rendus par le prestataire domicilié à l'étranger.

Le « quater » en prévoyant que c'est le prestataire basé hors du Congo qui est tenu d'opérer la retenue d'impôt de l'article 185 vient en contradiction avec le principe même de la retenue énoncé précédemment. En effet, on voit mal comment le prestataire pourrait matériellement opérer la retenue à la source sur des sommes qui lui ont été transférées par le client congolais.

6. Suppression d'exonérations fiscales et douanières

6.1. Rappel des nouvelles dispositions douanières instituées par la LF 2011

La LF 2011 contient dans la partie II de son article cinquième relative aux « dispositions douanières » un article unique intitulé « Révision des privilèges douaniers contenus dans les conventions, marchés, contrats et autres textes de l'État ».

Cet article dispose qu': « il est exigé le paiement des droits de douane au taux minimum de 5%, en sus des 2% de la redevance informatique et des taxes communautaires, pour toute importation ne bénéficiant pas des exonérations légales et conventionnelles internationales ».

La partie III de l'article cinquième de la LF 2011 relative aux « dispositions communes aux administrations fiscale et douanière » contient également un article unique qui dispose : « toutes les exonérations ne relevant ni des conventions et traités internationaux, ni de la loi, sont supprimées ».

6.2. Analyse de la LF 2011

La LF 2011 dispose clairement que le paiement des droits de douane au taux minimum de 5% est exigé pour toute importation ne bénéficiant pas des exonérations légales et conventionnelles internationales.

A contrario, les entreprises qui disposent d'une exonération légale ne devraient pas être concernées par le paiement de ce droit de 5%. En d'autres termes, la LF 2011 n'exige pas le paiement de ce droit aux entreprises bénéficiant d'exonérations légales.

Cependant, l'on note que la circulaire du 30 décembre 2010 a des positions divergentes qui varient selon le domaine concerné, fiscal ou douanier :

Au plan fiscal, elle précise que « toute exonération, ne relevant ni du code général des impôts, ni de la charte des investissements, ni des traités internationaux, est prohibée ».

Remarque : l'instruction d'application des dispositions fiscales de la LF 2011 est silencieuse sur la suppression des exonérations ne relevant ni des conventions et traités internationaux, ni de la loi. Cependant, les autorités fiscales, interpellées sur le sujet lors de la présentation de la LF 2011, ont affirmé que les exonérations prévues par les conventions d'établissement n'étaient pas visées dès lors qu'elles avaient été signées conformément à la loi n°6-2033 du 18 janvier 2003 portant Charte des investissements et le décret n°2003-57 du 22 avril 2003 portant création, attributions et composition de la Commission Nationale des Investissements.

Il existerait donc une divergence d'interprétation entre les deux administrations sur la question.

Au plan douanier, la circulaire indique que « toutes les exonérations, ne relevant ni du code des douanes, ni des traités internationaux ratifiés par le Congo demeurent prohibées ».

On constate donc qu'au plan douanier, la circulaire ne fait plus référence ni aux exonérations légales ni aux exonérations découlant de la charte des investissements. La circulaire, en modifiant substantiellement les dispositions de la LF 2011 votée par le législateur et promulguée par le Président de la République, pose un problème de légalité, et de ce fait, de son applicabilité.

En considération de ce qui précède, on estime que les exonérations prévues par la loi et notamment celles découlant de la charte des investissements par le biais des conventions d'établissement signées par les Hautes Autorités compétentes doivent être considérées comme valables.

Se référant à ces deux articles, l'administration des douanes remet en cause certaines exonérations notamment celles découlant des conventions d'établissement et réclament aux entreprises signataires de ces conventions de payer le nouveau droit de 5%. Elle se fonde également sur la circulaire n°088/MFBPP-CAB du 30 décembre 2010 précisant certaines modalités d'exécution et de contrôle du budget de l'État pour l'exercice 2011. La circulaire confirme que le paiement de ce taux minimum de 5% concerne toute importation bénéficiant d'une exonération antérieure et ne relevant ni du code des douanes ni des conventions et traités internationaux.

C'est une nouvelle position qui remet clairement en cause les exonérations douanières accordées aux entreprises ayant pourtant signé des conventions d'établissement avec le gouvernement du Congo en application de la loi n°6-2003 du 18 janvier 2003 portant Charte des investissements. En effet, il ressort de la circulaire ainsi que de la note de service de la direction générale des douanes n°60/MFBPP/DGDDI-DRO du 24 juin 2011 que ces entreprises sont concernées par le paiement de ce droit minimum de 5%.

Cette position est restrictive, voire contraire à la LF 2011 qui, elle, n'oblige pas au paiement de ce droit de 5% les entreprises bénéficiant d'exonérations légales.

En conséquence, nous estimons qu'il est nécessaire et urgent que la validité des exonérations prévues par la loi et régulièrement accordées par les Hautes Autorités fiscales et douanières compétentes soit officiellement confirmée par les mêmes Autorités notamment en vertu du principe fondamental de la continuité de l'État.

La remise en cause créerait une véritable insécurité dans l'environnement des affaires au Congo et contribuerait de ce fait à annihiler les efforts et progrès des autorités tendant à promouvoir et inciter l'investissement au Congo.

7. Droits d'enregistrement

7.1. Rappel du dispositif légal antérieur

Avant la LF 2011, les marchés réputés actes de commerce devaient être enregistrés au taux provisoire de 100 000 FCFA. L'article 237 alinéa 1 du tome 2 du livre 1er du CGI disposait que « les marchés et traités réputés actes de commerce par les articles 632 et 634 n°1 du Code de commerce, faits ou passés sous signatures privées et donnant lieu au droit proportionnel suivant les articles 235, 236 et 265 du présent règlement, sont enregistrés provisoirement moyennant un droit fixe de 100 000 FCFA ».

L'alinéa 3 précisait que « les droits proportionnels édictés par lesdits articles seront perçus lorsqu'un jugement portant condamnation, liquidation, collocation ou reconnaissance interviendra sur ces marchés et traités rédigés en conséquence, mais seulement sur la partie du prix ou des sommes faisant l'objet soit de la condamnation, liquidation, collocation ou reconnaissance, soit des dispositions de l'acte public ».

Il ressortait de cet article que :

- les marchés ou contrats de prestations de services conclus entre les particuliers, répondant à la définition des actes de commerce et donnant lieu au droit proportionnel, étaient assujettis provisoirement au droit fixe de 100 000 FCFA, ce droit minimum de perception étant par la suite déductible du droit proportionnel ;
- toutefois, conformément aux dispositions de l'article 71[4] du tome 2 du livre 1er du CGI, il n'existait pas de délai d'enregistrement des actes de commerce visés à l'article 237, alinéa 1 du CGI. Par conséquent, il apparaissait que le droit proportionnel n'était dû que sur les marchés ou contrats de prestations de services réputés actes de commerce qu'à la condition qu'un jugement portant condamnation, liquidation, collocation ou reconnaissance ait été prononcé sur ces marchés et traités mais seulement sur la partie du prix ou des sommes faisant l'objet soit du jugement de condamnation, liquidation, colocation ou reconnaissance, soit des dispositions de l'acte public.

En d'autres termes, le montant de 100 000 FCFA correspondait en fait à un acompte sur le droit proportionnel de 1% qui devait être soldé dès lors qu'un jugement aurait été prononcé.

7.2. Problématique

Il est apparu très rare dans la pratique qu'un jugement soit prononcé sur les actes de commerce et que les opérateurs économiques soumettent volontairement lesdits actes à la formalité de l'enregistrement.

En cas de contrôle, les tentatives des vérificateurs fiscaux de réclamer le droit proportionnel de 1% étaient souvent vouées à l'échec en raison du fait que les conditions requises par l'article 237 pour exiger le paiement de ce droit de 1% n'existaient pas. Qui plus est, on ne pouvait réclamer que le paiement de droit fixe de 100 000 FCFA sans application de pénalités car l'enregistrement de tels actes de commerce n'était pas enfermé dans un délai en application de l'article 71 susvisé.

---

[4] Article 71 : -Doivent être enregistrés dans le délai de trois mois à compter de leur date tous les actes sous seing privé constatant des conventions synallagmatiques autres que ceux visés par l'article 237 qui ne sont assujettis par les dispositions existantes à l'enregistrement dans un délai déterminé.

Le problème majeur est que, avec la promulgation de la LF 2011, l'article 237 a été modifié pour désormais soumettre tous les actes de commerce au droit de 1%. L'article 237 nouveau est rédigé comme suit :

« Les marchés et traités réputés actes de commerce par les articles 2 et 3 de l'Acte Uniforme de l'OHADA relatif au droit commercial général, faits ou passés sous signature privé et donnant lieu au droit proportionnel suivant l'article 236 sont enregistrés au taux de 1% de l'estimation du marché faite par les parties. »

Cette nouvelle rédaction de l'article 237 est censée apporter un fondement légal à la réclamation par les services fiscaux du droit proportionnel de 1% sur les actes de commerce.

L'Instruction d'application considère que les dispositions de l'article 237 ont été réaménagées dans la forme et dans le fond pour les mettre en conformité avec les règles édictées par l'Acte Uniforme de l'OHADA sur le droit commercial[5], et précise que l'article 237 et donc l'enregistrement au taux de 1% concerne les actes de commerce passés avec les personnes de droit privé et qu'il n'est plus nécessaire de se référer à un jugement pour recevoir les droits dus (1%).

7.3. Notre analyse

Nous estimons que non seulement les nouvelles dispositions manquent de clarté et sont susceptibles de diverses interprétations, mais elles paraissent aussi être une redondance ou en contradiction avec l'article 236. Il s'y ajoute que l'article 71 nouveau, tel que rédigé, n'impose aucun délai pour la présentation de tels actes à la formalité de l'enregistrement et pour la perception du droit proportionnel de 1%. L'article 71 nouveau est ainsi libellé : « doivent être enregistrés dans le délai de trois mois à compter de leur date de signature, tous les actes sous seing privé constatant des conventions synallagmatiques autres que ceux prévus aux articles 236 et 237 qui ne sont assujettis par les dispositions existantes d'enregistrement dans un délai déterminé ».

[5] Remarque sur la définition de l'acte de commerce : avant le 15 décembre 2010, l'acte uniforme OHADA sur le droit commercial de 1998 ne comportait pas une définition précise de l'acte de commerce. L'Acte uniforme se contentait d'énumérer un certain nombre d'opérations ayant le caractère d'actes de commerce (articles 2 et 3). Depuis sa révision le 15 décembre 2010, l'article 3 nouveau énonce que : « l'acte de commerce par nature est celui par lequel une personne s'entremet dans la circulation des biens qu'elle produit ou achète ou par lequel elle fournit des prestations de service avec l'intention d'en tirer un profit pécuniaire ». Le même article donne des exemples d'actes de commerce par la forme tandis que l'article 4 énumère une liste non exhaustive d'actes de commerce par leur forme, tels que la lettre de change, le billet à ordre et le warrant.

Enfin, la volonté de soumettre les actes de commerce à la formalité obligatoire de l'enregistrement et d'exiger automatiquement un droit proportionnel de 1% est une mesure inédite en fiscalité et surtout antiéconomique car elle pénalise profondément les acteurs économiques. Pis, outre les difficultés pratiques liées à la bonne conservation et à l'archivage d'innombrables documents commerciaux au niveau des services fiscaux, nous estimons qu'une recherche de taxation de ces documents risque de favoriser une certaine évasion fiscale car des opérateurs pourraient être tentés de ne pas « acter » les opérations qu'ils concluent dans le cadre de leurs activités (« *Trop d'impôt tue l'impôt* »).

En conséquence, nous proposons que les nouvelles dispositions de l'article 237 soumettent obligatoirement les actes de commerce au droit proportionnel de 1% soient purement et simplement abrogées, car une telle situation aura certainement des répercussions négatives sur l'activité des opérateurs économiques au Congo et de ce fait, sur l'économie congolaise. A l'instar des autres États avec lesquels nous partageons les principes fondamentaux du droit fiscal, il convient d'adopter les mêmes dispositions exemptant les actes de commerce de la formalité de l'enregistrement et considérant que leur présentation volontaire à l'enregistrement avec application d'un droit fixe modique vise à leur donner date certaine.

7.4. Délai d'enregistrement des marchés publics et des actes sous seing privé (SPP)

Avant la promulgation de la LF 2011, l'article 71, tome 2 du livre 1er, disposait que « doivent être enregistrés dans le délai de trois mois à compter de leur date tous les actes sous seing privé constatant des conventions synallagmatiques autres que ceux visés par l'article 237 qui ne sont assujettis par les dispositions existantes à l'enregistrement dans un délai déterminé. »

Quant à l'article 71 nouveau, il prévoit que ce délai de trois mois s'applique désormais « aux actes sous seing privés constatant des conventions synallagmatiques autres que ceux prévus aux articles 236 et 237 qui ne sont assujettis par les dispositions existantes à l'enregistrement dans un délai déterminé ».

Tel que rédigé, on pourrait penser qu'outre les actes de commerce visés à l'article 237, les actes de l'article 236 (les adjudications au rabais et marchés pour constructions) ne sont plus soumis à un délai d'enregistrement.

Après analyse combinée avec notamment les articles 62, 73, 235, 236, 237 et 265, il s'avère que cet article comporte une erreur matérielle et est très difficile à interpréter, donc à appliquer.

L'IA admet l'existence de cette erreur matérielle et précise que ces actes demeurent soumis à l'ancien délai de trois mois.

Selon l'instruction d'application :

- le délai de trois mois ne concerne essentiellement que les actes sous-seing privé constatant des conventions synallagmatiques ;
- le délai d'enregistrement des marchés publics est édicté par l'article
- 62 du CGI, tome 2 du livre 1er qui le fixe à 45 jours à compter de leur date de signature ;
- le délai des actes sous seing privé passés à l'étranger est fixé par l'article 73 à un mois à compter de leur date de signature.

Il est indéniable que les articles relatifs aux délais d'enregistrement manquent de clarté et méritent d'être revus. Et même si l'IA a voulu apporter des précisions « pour pallier les difficultés d'interprétation pouvant résulter de la lecture de l'article 71 nouveau », l'écueil qui demeure est le fait qu'une note administrative ne peut pas corriger ou remettre en cause une loi votée par le Parlement, promulguée par le Président de la République et publiée au Journal Officiel. Par conséquent, il est souhaitable que les autorités légifèrent pour apporter les clarifications nécessaires.

7.5. Clarification des dispositions relatives à l'enregistrement des marchés publics

L'ancien article 235 disposait que : « sont assujettis au droit de 2%, les adjudications au rabais et marchés de toute nature notamment pour construction, prestations de service, approvisionnements et fournitures et, d'une manière générale, tous les marchés dont le prix doit être payé par l'État, les collectivités locales et les établissements publics. Les dispositions de l'article 1 ci-dessus s'appliquent également aux bons de commande dont le coût total des opérations est égal ou supérieur à 10 000 000 FCFA. »

La LF 2011 a modifié l'alinéa 2 de cet article et élargit les opérations soumises à 2% : on passe de « bons de commande » à « commandes » et ce, quelles que soient leurs formes !

L'IA précise que la « commande » ne correspond plus restrictivement à des « bons de commande », mais des commandes telles que la simple lettre de commandée, d'un contrat, d'une convention ou de tout document portant sur des fournitures de biens ou des prestations de services.

L'IA ajoute que sont visés les commandes émanant de l'État, des collectivités décentralisées ou des établissements publics, à l'exception des établissements publics industriels et commerciaux (EPIC).

Enfin, dans le but d'éviter que le saucissonnage des factures aboutisse à éluder le paiement des droits d'enregistrement, le taux de 2% s'applique dès lors que le montant total de la commande atteint ou dépasse la limite de 10 millions de francs CFA.

7.6. Autres points en matière d'enregistrement et de timbre

• Avec la promulgation de la LF 2011, l'enregistrement est désormais obligatoire pour :

- les contrats de sous-traitance conclus dans le secteur du bâtiment et des travaux publics (BTP). Il est désormais exigé un droit fixe de 100 000 FCFA en application de l'article 237 bis nouveau. Toutefois, lorsque le contrat principal est exonéré, les contrats de sous-traitance demeurent soumis à la formalité d'enregistrement mais gratis. Le défaut d'enregistrement desdits contrats est sanctionné de 1 000 000 FCFA.

- les conventions d'assurance et de rente viagère. Pour ces conventions d'assurance, l'article 332 nouveau prévoit qu'elles sont enregistrées gratis et dispensées des droits de timbre. Le défaut d'enregistrement est sanctionné de 50 000 FCFA. Cependant cette obligation d'enregistrement ne concerne pas les conventions d'assurance pour automobiles.

A noter : pour les conventions d'assurances conclues avec les assureurs étrangers ayant au Congo un établissement, une agence, une succursale ou un représentant, l'article 336 modifié (nouveau) réaménage les modalités de perception de la taxe sur les assurances. La taxe collectée au titre d'un mois est reversée au plus tard le 15 du mois suivant la souscription de la police.

• Par ailleurs, la LF 2011 institue :

- un timbre fiscal sur les billets de transport fluvial et maritime international. C'est ainsi qu'à l'instar des transports aériens, les billets de passage des voyageurs par bateau à destination de l'étranger sont soumis à un droit de timbre de 1 000 FCFA.

- un droit de timbre de 5 000 FCFA sur les demandes de plaques d'immatriculation des véhicules à moteur (article 50 quinquiès).

8. Application du pourcentage réel pour le prorata de TVA

8. 1. Rappel de la règle du prorata de TVA

En principe, les sociétés qui ne réalisent pas exclusivement des opérations ouvrant droit à déduction doivent, dès la réalisation de leurs dépenses, les affecter soit à leurs activités imposables, soit à leurs activités non imposables. C'est la règle de l'affectation prévue par les articles 22 et suivants de la loi du 12 mai 1997 sur la TVA. Autrement dit, pour la déduction de la taxe ayant grevé leurs acquisitions de biens ou services, les entreprises doivent d'abord faire application de la règle de l'affectation.

Elles ont droit à la déduction intégrale de la taxe dès lors que ces biens et services sont affectés à des opérations ouvrant droit à déduction. Au contraire, la déduction est nulle si les biens ou services concourent exclusivement à la réalisation d'opérations n'ouvrant pas droit à déduction.

L'article 22 de la loi précitée (complétée par la loi de finances n°12-2006 du 31 mars 2006) ajoute que « lorsque les biens et services concourent à la fois à la réalisation d'opérations ouvrant droit déduction, seule une fraction de la taxe qui les a grevées est déductible par application d'un prorata ». C'est la règle du prorata de la déduction de la TVA. Le calcul de la règle du prorata de déduction de la TVA est précisé par la loi de finances pour 2006, il est obtenu suivant le rapport entre :

- au numérateur, le montant hors taxes des recettes ou du chiffres d'affaires afférents à des opérations soumises à la TVA, augmenté du montant des exportations et du chiffre d'affaires taxable mais détaxé en application des franchises exceptionnelles ou des conventions d'établissement. Auparavant (avant la loi de finances pour 2006), le numérateur ne contenait que le montant hors taxes des recettes, augmenté du montant des exportations.
- au dénominateur, le montant du chiffre d'affaires total hors taxes réalisé par l'assujetti. Auparavant, le dénominateur comprenait le montant total hors taxes des recettes de toute nature, réalisées par l'assujetti, y compris le montant des exportations (il s'agit de l'ensemble du chiffre d'affaires, sans aucune autre distinction).

Aux termes de l'article 23, « la déduction est de :

100% si le rapport est supérieur à 90%

80% si le rapport est supérieur à 70% et inférieur à 90%

60% si le rapport est supérieur à 50% et inférieur à 70%

40% si le rapport est supérieur à 30% et inférieur à 50%

20% si le rapport est supérieur à 10% et inférieur à 30%

0% si le rapport est inférieur à 10% ».

L'article 24 précise que « pour la détermination des recettes afférentes aux opérations soumises à la TVA, sont exclus :

- les livraisons à soi-même et les subventions d'équipement non taxables ;
- les indemnités ne constituant pas la contrepartie d'une opération soumise à la TVA.
- les remboursements de débours
- les cessions d'éléments d'actifs immobilisés ».

Le prorata est déterminé provisoirement en fonction des recettes et produits réalisés l'année précédente ou, pour les nouveaux assujettis, des recettes et produits prévisionnels de l'année en cours.

Le prorata définitif est arrêté au plus tard le 30 avril de l'année suivante. Les déductions opérées sont régularisées en conséquence dans le même délai.

8.2. Les innovations apportées par la LF en matière de prorata de TVA

La LF 2011 modifie l'article 23 de la loi sur la TVA comme suit : « la déduction est proportionnelle au pourcentage déterminé selon les dispositions de l'article 22 bis ci-dessus ».

En d'autres termes, il découle de l'article 23 nouveau que pour les entreprises qui ne réalisent pas exclusivement des opérations ouvrant droit à déduction, c'est le prorata réel de déduction qui résulte directement du rapport déterminé à l'article 22 bis qu'il convient désormais de retenir, avec une décimale à deux chiffres, sans arrondi.

En conséquence, la tolérance légale consistant à retenir un pourcentage en arrondi plus avantageux est désormais supprimée. Par exemple, si le pourcentage déterminé est de 91, 134, l'entreprise applique un pourcentage de déduction de 91,13% alors que le régime antérieur lui permettait de déduite la totalité (100%) de la TVA qui lui est facturée.

9. « Réforme » du régime du forfait

Le Code Général des Impôts prévoit en principe deux régimes d'imposition forfaitaire applicables aux revenus des personnes physiques :

-le 1er concerne les professions dont les revenus sont classés dans la catégorie des bénéfices industriels, commerciaux et artisanaux (BICA) ;

-le 2nd concerne les professions libérales (notaire, avocat, architecte, expert-comptable, médecin, etc.) dont les revenus sont classés dans la catégorie des bénéfices non commerciaux (BNC).

La réforme initiée par la LF 2011 concernant ces régimes d'imposition forfaitaire comporte deux volets :

-d'une part, l'unification des régimes d'imposition forfaitaire ;

-d'autre part, l'uniformisation des seuils d'imposition (ou de niveaux de chiffre d'affaires) à 40 millions de FCFA pour toutes les activités soumises au régime du forfait, y compris les professions libérales.

9.1. Unification des régimes d'imposition forfaitaire

Le régime fiscal des BNC est régi par les articles 42 à 49 du CGI, tome 1. Il concerne les revenus résultant de l'exercice des professions libérales, des charges et offices dont les titulaires n'ont pas la qualité de commerçants (commissions, honoraires) mais également toutes sortes de revenus non classés dans une catégorie de bénéfices qui sont réalisés grâce à des occupations, exploitations lucratives et autres sources de profits (par exemple, les produits des droits d'auteur, des opérations de bourse, redevances pour concession de marques, brevets, etc.).

Conformément à l'article 44 relatif aux modalités d'imposition, ces revenus étaient taxés d'après les recettes brutes y compris les remboursements de frais, sous déduction d'un abattement forfaitaire pour frais professionnels et de gestion dont le pourcentage est déterminé en fonction de l'activité exercée, suivant les dispositions de l'arrêté n°620/MF-DI du 24 février 1968.

La LF 2011 a supprimé cet article 44, entraînant la disparition du régime d'imposition spécifique (régime de l'évaluation administrative) des BNC tel que décrit ci-dessus.

Est également abrogé l'article 44 bis qui énumérait les professions soumises au régime de la déclaration contrôlée[6], à savoir les avocats, notaires, experts comptables et promoteurs d'écoles privées.

En définitive, toutes les professions libérales sont désormais imposées suivant le régime du forfait prévu pour les BIC, lequel est ainsi complété par une nouvelle catégorie de revenus imposables.

L'IA précise que le régime du réel (tenue d'une comptabilité) devient la règle dès lors que le contribuable réalise le seuil de 40 millions de FCFA comme chiffre d'affaires annuel hors taxes (voir ci-dessous).

9.2. Uniformisation des seuils d'imposition à 40 millions de FCFA pour toutes les activités soumises au régime du forfait, y compris les professions libérales

Auparavant, l'article 26 du CGI, tome 1, prévoyait des seuils d'imposition au régime du forfait distincts en fonction de la nature des activités :

- livraisons de biens : 30 millions ;
-artisans : 20 millions de FCFA ;
-prestation de services : 10 millions de FCFA.

L'article 26 nouveau issu de la LF 2011 dispose ce qui suit : « l'impôt global forfaitaire s'applique aux contribuables dont le chiffre d'affaires annuel n'excède pas 40 000 000 francs quelle que soit l'activité ».

Avec la promulgation de la LF 2011, la limite a été fixée à 40 millions sans considération de la nature de l'activité. Par contre, les modalités d'imposition n'ont pas été modifiées : celles-ci reposent toujours sur une évaluation forfaitaire du montant du chiffre d'affaires et du bénéfice par

[6] Le régime de la déclaration contrôlée comportait pour les professions concernées l'obligation supplémentaire de tenir un livre-journal présentant le détail des dépenses professionnelles. A l'inverse, le régime du forfait « normal » des BNC exigeait simplement la tenue d'un livre-journal mentionnant le détail des recettes professionnelles et des remboursements de frais, et permettait de faire figurer sur sa déclaration, un montant global (forfaitaire) au titre des dépenses professionnelles (article 47).

l'administration d'après les résultats obtenus par le contribuable qui dispose d'un délai de 20 jours à partir de la réception de cette notification pour faire parvenir son acceptation ou formuler ses observations en indiquant le chiffre qu'il serait disposé à accepter. Le défaut de réponse dans le délai prévu est considéré comme une acceptation.

Le montant du bénéfice débattu et accepté par l'administration et le contribuable servira de base au calcul de l'impôt global forfaitaire (IGF), dont le taux a été relevé par la LF 2011 à 10% au lieu de 8% précédemment[7].

Aussi, il convient de noter que les contribuables dont le chiffre d'affaires dépasse les seuils autorisés seront soumis au régime réel simplifié.

Par ailleurs, la LF 2011 offre désormais aux entreprises relevant de ce réel simplifié la possibilité d'appliquer les règles fiscales d'amortissements réputés différés en période déficitaire en vue de la détermination du résultat fiscal de l'entreprise[8].

A noter : l'option pour le régime du réel peut être exercée par tout contribuable soumis à l'IGF même dans le cas où son chiffre d'affaires ne dépasse pas la limite autorisée.

Enfin, l'IA précise qu'il est loisible à toute entreprise ou tout contribuable de tenir sa comptabilité selon le système comptable ou un régime fiscal plus élaboré ou perfectionné que celui correspondant à son chiffre d'affaires.

10. Institution du régime des quartiers généraux

La directive CEMAC n002/01/UEAC-050-CM-06 du 3 août 2001 portant révision de l'acte 3/72-153-UDEAC du 22 décembre 1972 instituant l'impôt sur les sociétés prévoit en ses articles 58 et 59 le régime fiscal des quartiers généraux. C'est dans la lignée de cette directive que la LF 2011 a introduit dans le dispositif congolais un régime spécial pour les quartiers généraux.

L'article 126 C-1 dispose que « sont imposables au régime fiscal des quartiers généraux, en raison de leur forme, les sociétés à statut particulier appartenant à l'un des États de la CEMAC ».

L'article 126 C-2 ajoute que « par dérogation aux dispositions des articles 109 à 109 B ci-dessus, les quartiers généraux installés sous forme de sociétés par actions ou succursales, qui rendent des prestations correspondant à des fonctions de direction, de gestion, de coordination ou de contrôle exclusivement à des sociétés du groupe dont ils sont issus, sont soumis à l'impôt sur les sociétés sur la base d'un calcul forfaitaire en fonction de l'ensemble de leurs dépenses suivant le taux fixé à l'article 122 ci-dessus ».

---

[7] Compte tenu du fait que le taux de l'IGF passe de 8 à 10%, l'IGF sera pour une entreprise qui réalise un CA soumis à la TVA de 10 millions de FCFA, de 1 180 000 FCFA, soit 10 000 000 FCFA x 1,18 x 10%.

[8] Article 31 septiès nouveau CGI, tome 1 du livre 1er ;

L'article 126 C-3 dispose que : « le quartier général doit avoir pour objet exclusivement le développement et la centralisation, au profit des sociétés du groupe, la fourniture des informations, la publicité, la recherche technique, scientifique et technologique, la centralisation des opérations financières et de change, les relations avec les autorités nationales et internationales, ainsi que toutes autres activités ou prestations de services, à condition que celles-ci conservent un caractère préparatoire ou auxiliaire. Il ne peut ni rendre d'autres types de services, ni prendre des décisions à l'échelle du groupe ».

L'article 126 C-4 ajoute que « le bénéfice du régime fiscal des quartiers généraux est subordonné à une autorisation préalable de l'administration fiscale. Un arrêté du Ministre chargé des finances fixe les modalités d'application dudit régime ».

Il convient de noter que le bénéfice de ce régime est subordonné à une autorisation préalable de l'administration fiscale. Qui plus est, l'application de ces nouvelles dispositions nécessite la prise d'un arrêté ministériel qui fixera les modalités de mise en œuvre de ce régime.

11. Harmonisation des catégories de revenus imposables à l'IRPP avec la directive CEMAC

11.1. Rappel des nouvelles dispositions

L'article premier du CGI établit un impôt annuel sur le revenu des personnes physiques. Ce revenu net global est constitué par le total des revenus nets des catégories suivantes :

-Revenus fonciers ;

-Bénéfices des activités industrielles, commerciales, artisanales ;

-Traitements, salaires, indemnités, émoluments, pensions et rentes viagères ;

-Bénéfices des professions non commerciales et revenus assimilés ;

-Revenus des capitaux mobiliers ;

-Plus-values réalisées par les personnes physiques et assimilées

-Bénéfices de l'exploitation agricole.

11.2. Nos commentaires

L'article premier du code général des impôts (CGI) a subi une légère modification par la suppression dans la constitution du revenu global net imposable à l'IRPP des revenus de professions minières et forestières.

De même, a aussi été supprimée la disposition relative aux revenus provenant des rémunérations des gérants majoritaires des sociétés à responsabilité limitée et de sociétés en commandite par actions.

Par ailleurs, un autre changement concerne les plus-values immobilières et les plus-values de cession des droits sociaux qui, avec la promulgation de la LF 2011, relèvent désormais de la seule catégorie des plus-values réalisées par les personnes physiques et assimilées.

Enfin, les bénéfices des professions agricoles sont toujours imposés à l'IRPP, mais sous l'appellation de bénéfices d'exploitation agricole.

Ces changements sont motivés par la volonté des autorités fiscales de mettre en harmonie des dispositions congolaises avec la directive CEMAC n001/04/UEAC-177-4-CM relative à l'impôt sur le revenu des personnes physiques du 29 juillet 2004. Désormais, les textes deviennent identiques et permettent au Congo de s'investir encore un peu plus dans l'intégration sous-régionale.

Par ailleurs, le changement de rédaction de l'article 1er met en harmonie le droit fiscal congolais avec les dispositions de l'Acte uniforme OHADA sur les sociétés. En effet, l'Acte uniforme ne prévoit pas comme forme de société la société en commandite par actions, mais plutôt la société en commandite simple. Le fait par conséquent d'abroger la disposition concernant les rémunérations des gérants majoritaires de sociétés en commandite par actions régularise les dispositions fiscales par rapport aux règles de l'OHADA.

12. Autres points

Pour être complet, d'autres innovations apportées par la LF 2011 sont présentées ci-après :

12.1. Retenue à la source sur les sommes payées par le Trésor sur les marchés publics

L'IA motive l'institution de cette retenue par le fait que certaines sociétés bénéficiaires de marchés publics ne déclarent pas leurs activités au fisc congolais et échappent à l'impôt.

Les nouvelles dispositions de la loi de finances permettent de lutter contre cette évasion fiscale. A cet effet, les organes publics à budget autonome, lors de l'ordonnancement et de la liquidation de leurs dépenses, devront prévoir une retenue à la source de 5% sur toutes les sommes versées à des entrepreneurs individuels bénéficiaires de marchés publics.

Il convient de souligner que les sociétés commerciales (SA et SARL notamment) ne sont pas concernées par ces nouvelles dispositions.

12.2. Relèvement du taux des droits d'accises et extension au foie gras et au caviar

La LF 2011 relève le taux du droit d'accises, lequel passe de 24 à 25% pour tous les produits soumis à ce droit. Cependant, pour la bière de malt de fabrication locale, ce taux est ramené à 20%.

Par ailleurs, les nouvelles dispositions de la LF 2011 étendent la liste de produits soumis aux droits d'accises en y ajoutant le caviar et le foie gras.

12.3. Taxation des importations non inspectées avant débarquement

Il est instauré une pénalité de 60% de la valeur en douane des marchandises importées au Congo sans attestation d'inspection avant embarquement délivré par la société d'inspection habilitée à cet effet.

Cette pénalité n'est pas exigée pour les marchandises provenant des pays où la COTECNA n'exerce pas son activité.

On trouve la liste des pays concernés sur le site :

http://www.cotecna.com/COM/FR/home.aspx

12.4. Taxation des véhicules automobiles de plus de dix (10) ans

Les véhicules automobiles en cours d'usage importés et mis à la consommation sur le territoire congolais, ayant plus de dix ans d'âge, sont désormais taxés au taux de 60% de la valeur en douane.

QUEL DROIT DES SÛRETÉS RÉELLES POUR L'OHADA[9]?

Par **Dalé Hélène LABITEY**

Enseignant-Chercheur à l'Université Gaston Berger de Saint Louis, au Sénégal

1. Évaluer « *le bon droit* » à travers ses effets économiques est un projet doctrinal d'actualité. L'analyse économique du droit est la discipline qui l'a initié sur une base idéologique controversée, notamment celle de la supériorité de la "*Common law*" sur tout autre système juridique, et du marché comme mode de régulation des comportements[10]. Elle étend son domaine sur le processus de « production » des règles de droit, démarche positive, et sur la mise en place de règles de droit optimales au sens économique, démarche normative, en analysant à l'aide des outils de la microéconomie traditionnelle, la production et les conditions d'efficacité des règles de droit. La doctrine civiliste est partagée

[9] L'objectif du Traité instituant l'Organisation pour l'Harmonisation en Afrique du Droit des Affaires (OHADA) signé à Port-Louis, Ile Maurice, le 17 octobre 1993 et révisé le 17 octobre 2008 à Québec, Canada, est d'élaborer un nouveau cadre juridique harmonisé dans le domaine du droit des affaires afin de promouvoir l'investissement et la croissance économique.
Pour des études relatives à l'Acte uniforme portant organisation des sûretés avant la réforme de 2010 : Cf : A. Mikoa-She, Droit des sûretés et des garanties du crédit dans l'espace OHADA, éd. Dianoia 2010 - T1 Les garanties personnelles, T2 les garanties réelles ; J. Issa-Sayegh, Commentaire intégral de l'Acte uniforme portant organisation du droit des sûretés; Cf. F. Anoukaha, Le droit des sûretés dans l'Acte uniforme OHADA au regard de l'évolution mondiale du droit des affaires, Recherche effectuée à l'UNIDROIT, Revue Unidroit.

[10] L'analyse économique du droit (Law and Economics) qui est née aux USA à partir des travaux de chercheurs de l'Université de Chicago, prétend apporter au juriste un outil plus fiable que sa seule intuition pour mieux observer la société que le droit est appelé à régir. Elle applique pour ce faire les méthodes et les concepts économiques à l'étude du droit, et met l'accent sur les effets économiques des règles juridiques. Les promoteurs sont Ronald Coase et Guido Calabresi, à partir de deux articles publiés respectivement en 1960 et 1961 "The Problem of Social Cost" et "Some Thoughts on Risk Distribution and the Law of Torts". Ils font des émules dans les travaux de l'école de Chicago et les apports d'auteurs tels que Gary Becker, Richard Posner ou encore George Stigler.

entre la séduction et la critique[11]. D'évidence, le nouveau droit issu de la réforme de l'Acte uniforme portant organisation des sûretés (AUS) [12] n'échappe pas au débat : il a été élaboré à l'aune de l'objectif d'attractivité économique du droit. Les rédacteurs devaient en effet, « *édicter des règles de nature à favoriser la confiance, clé de voûte des activités de crédit, et à susciter plus généralement l'attractivité du droit des affaires.* A cette occasion, l'attractivité du droit comme moyen de promotion du crédit devient un étalon d'évaluation du droit dont il convient d'apprécier l'opportunité et la portée. Le juriste cherchera vainement une définition juridique de la notion d'attractivité. La recherche d'une définition est cependant un préalable indispensable à l'appréhension de toute notion[13].

2- L'attractivité est la qualité de ce qui est attractif, qui exerce une attraction, pouvoir d'attraction[14]. Également, « ensemble des caractéristiques ou attributs détenus par un produit ou une marque et qui lui donnent une certaine supériorité sur ses concurrents directs »[15]. Est attractif ce qui a la propriété d'attirer, qui plait, qui séduit, qui présente un avantage[16]. On parle d'attractivité d'un pays ou d'un territoire, dans le contexte de la mondialisation de l'économie qui permet de produire des biens et des services à l'échelle globale. Les acteurs ont donc comme souci d'identifier les atouts et les faiblesses de leur territoire et de

---

11 M. Issa-Sayegh, « Peut-on perfectionner le système sans aller vers la Common law ? » in Le modèle juridique français : un obstacle au développement économique ? in Le modèle juridique français : un obstacle au développement économique ? Coll. « thèmes et commentaires », Dalloz 2005, p.127 et suiv. Les droits de tradition civiliste en question : à propos des rapports Doing Business de la Banque mondiale, Vol.2, *Contribution des groupes autres que le groupe français de l'association Henri Capitant*, éd. Société de législation comparée, Paris, 2006 ; Mackaay, Ejan et Stéphane Rousseau, *Analyse économique du droit*, Paris/Montréal, Dalloz-Sirey/Éditions Thémis, 2008, (2e éd.), pp. 14-17.

12 L'acte uniforme révisé est adopté par le Conseil des ministres de l'OHADA le 15 décembre 2010 et publié au Journal officiel de l'OHADA le 15 février 2011. Il est entré en vigueur en mai 2011. Sur l'Avant-projet de réforme cf :J. Issa-Sayegh, Note d'introduction à l'Avant-projet d'amendements à l'acte uniforme portant organisation des sûretés, Annexe 4 a, sur CD-ROM. P. Crocq, Bile-Aka, Brizoua-Bi et associés, Lovells LLP, Projet de réforme de l'Acte uniforme portant organisation des sûretés en droit OHADA, Rapport pour le secrétariat permanent de l'OHADA, Programme d'évaluation et d'amélioration des actes uniformes, novembre 2009, inédit. Pour les premiers commentaires du projet de réforme cf. la Revue Droit et Patrimoine, numéro spécial n°197, nov. 2010 : Bientôt un nouveau droit des sûretés dans l'OHADA, et spécialement les articles de M. P. Crocq : les grandes orientations du projet de réforme de l'Acte uniforme portant organisation des sûretés ; et L. Yondo Black : L'enjeu économique de la réforme de l'Acte uniforme OHADA portant organisation des sûretés : un atout pour faciliter l'accès au crédit

13 Farjat, La notion de droit économique, in Droit et économie, APD, T37, Sirey, 1992, p. 37

14 *dictionnaire.reverso.net/francais-definition/*attractivité

15 L'attractivité est définie pas trois facteurs : l'attrait du marché (taille du marché, taux de croissance.), l'intensité concurrentielle (nombre de concurrents, niveau des prix.), l'accessibilité du marché. *www.definitions-marketing.com*

16 fr.thefreedictionary.com/attractif -

renforcer ses capacités à attirer les activités nouvelles et à retenir les activités existantes. S'agissant du droit, et particulièrement à une époque où il est considéré comme un vecteur de compétitivité économique, l'attractivité du droit est sa capacité à attirer et retenir les entreprises, les activités nouvelles et les facteurs de production sur un territoire[17].

L'attractivité économique a été également choisie comme le cadre d'une réflexion menée par la doctrine civiliste[18] contre l'hégémonie réelle ou supposée du Common law à l'occasion des rapports Doing Business de la Banque mondiale. Ces publications établissent un classement annuel destiné à orienter l'action des pouvoirs publics et des investisseurs, à partir d'une description de l'environnement juridique dans lequel les entreprises exercent leurs activités. Basées sur l'indice *de la facilité à faire des affaires*, elles démontrent que le système civiliste en général, est contre-productif, à l'inverse du Common law : *Common law countries and Nordic countries offer the best pratices in business regulation*[19]. Il y est préconisé dans la foulée des réformes, selon un modèle unique, une standardisation du droit : *one size can fit all*[20]. Or, le modèle civiliste a largement inspiré la conception et la rédaction des textes des Actes uniformes OHADA[21].

---

[17] Attractivité économique : éléments de définition, www.additiv.fr/pdf/attractivite%20eco_additiv.pdf

[17] H.-D. Henri koko Bébé, La réforme du droit des affaires au regard de la mondialisation de l'économie, G. Bois, Une nouvelle servitude - Essai sur la mondialisation, Paris, François-Xavier de Guibert, 2003, p. 29.

18 La première réaction au plan international est celle de l'Association Henri Capitant, dans l'ouvrage collectif : Les droits de tradition civiliste en question : à propos des rapports Doing Business de la Banque mondiale, Société de législation comparée, Paris, 2006 et aussi les études du programme Attractivité économique du droit In La lettre d'AED 3-2006 www. ladocumentationfrançaise.fr. et celles de la fondation pour le droit continental www.fondation-droitcontinental.org

www.OHADA.com, les avis exprimés par la doctrine OHADA suite aux Rapports Doing business, notamment dans les Newsletters des 06 oct. 2008, 15 fév. 2007, 20 juil. 2007, 27 fév. 2007.

[19] Rapport 2004, *Undestanding regulation.*

[20] CF. pour One size can fit all, le Rapport 2004, p. 17.

21 L'OHADA, «... assurant, ou mieux, perpétuant une unité de culture juridique, un fonds documentaire commun qui facilite les recherches doctrinales et pratiques, en même temps qu'elle permet aux opérateurs économiques européens d'évoluer dans un environnement juridique familier » : Jean Paillusseau, Le droit de l'OHADA, un droit très important et original, in L'ohada, dix années d'uniformisation du droit des affaires en Afrique, JCP Cahiers de Droit de l'Entreprise n° 5, Supplément à la Semaine juridique du 28 Octobre 2004, p. 1; J. Issa-Sayegh, La notion de droit francophone a-t-elle un sens ?. Communication faite lors de la deuxième semaine de droit comparé (17-21 septembre 2007 organisée par l'Université Montesquieu Bordeaux IV pour introduire un débat sur cette question).

La réforme de l'AUS a aussi été menée à l'aune de l'attractivité du droit : « *édicter des règles de nature à favoriser la confiance, clé de voûte des activités de crédit, et à susciter plus généralement l'attractivité du droit des affaires* ». L'analyse des règles dira si elles l'ont été dans la mouvance de Doing business ou selon les solutions alternatives de la doctrine civiliste. Elle est menée sous l'angle particulier des sûretés réelles.

3- De « securitas », la sûreté renvoie à la notion de sécurité, notion centrale en droit, notamment en référence à la sécurité juridique. Pour autant, le rôle des sûretés les situe en l'occurrence dans le cadre du droit du crédit dont elles sont les catalyseurs et les auxiliaires. On sait que le crédit repose sur la confiance du créancier dans la capacité du débiteur à payer, mais il ne peut se satisfaire de l'incertitude. Un certain nombre de mécanismes destinés à garantir le risque d'impayé existent à cette fin. Les uns sont inhérents au rapport d'obligation et permettent à tout titulaire d'un droit de créance de se prémunir contre le risque d'insolvabilité de son débiteur. Ce sont les garanties lato sensu[22]. Les sûretés sont une catégorie spécifique de garanties que la convention des parties, la loi ou le juge peuvent accorder au créancier contre les risques de défaillance de son débiteur. De ce point de vue, leur fonction est à la fois juridique et économique ; elles garantissent au contrat sa force obligatoire et facilite l'obtention du crédit. Les sûretés sont personnelles ou réelles, selon qu'elles portent sur le patrimoine d'un tiers engagé au côté du débiteur ou qu'elles portent sur un bien ou un ensemble de biens affectés au paiement du créancier.

Le choix des sûretés réelles dans une perspective d'attractivité s'explique par le fait que par nature, elles sont moins attractives que les sûretés personnelles. En effet, contrairement à ces dernières recherchées pour leur souplesse, leur simplicité et leur faible coût lors de leur mise en place[23], le mécanisme des sûretés réelles fait appel à plusieurs règles qui s'interfèrent. Elles portent sur des biens dont le statut peut constituer un obstacle à leur efficacité, selon que la protection du droit de propriété est bien ou mal assurée ou que le régime de publicité mobilière ou immobilière est bien ou mal organisé.

Le droit des sûretés réelles est par ailleurs un droit en crise. Celle-ci, constatée depuis quelques années[24], se poursuit dans une défiance persistante

[22] Le droit de gage général du créancier chirographaire et les actions qui le préservent (l'action oblique et l'action paulienne notamment). La responsabilité du débiteur en cas d'inexécution de ses obligations.

[23] D. N'Doningar, Réflexions sur l'efficacité des sûretés personnelles dans le droit uniforme issu du traité de l'OHADA ; Bizoua-Bi, Le nouveau visage des sûretés personnelles dans l'espace OHADA, Revue Droit et Patrimoine, numéro spécial n°197, nov. 2010 op.cit., p.60.

[24] L.-M. Martin, Sûretés traquées, crédit détraqué, Banque 1985, p.1138, n°68.

à cause de la prise en compte d'intérêts jugés supérieurs ou prioritaires. La conséquence la plus notable est l'émergence *des sûretés par voie détournées*, axées sur le droit de propriété, et plaçant leur titulaire hors concours, en leur attribuant des situations d'exclusivité. Les sûretés réelles sont également tournées vers les réformes au plan international[25], ce qui leur confère une caution d'efficacité et d'efficience[26]. A cette occasion, il est question d'une sûreté unifiée s'appliquant à tous les biens, quelle que soit leur nature juridique : biens meubles et immeubles, corporels et incorporels, présents et futurs, identifiés ou compris dans une universalité, comme le *floating charge* du *common law*[27]. C'est l'approche fonctionnelle, caractérisée dit-on par un pragmatisme qui manque à l'approche civiliste qui est conceptuelle ou notionnelle.

Critiquant cette méthode, on a considéré qu'il ne saurait exister un modèle standard de sûreté, et qu'en dehors du souci d'efficacité économique prôné par les systèmes de Common law, une autre notion, la sécurité juridique, devait être introduite dans l'évaluation comparative des systèmes juridiques[28].

4- L'efficacité économique se mesure à l'aune de sa capacité à assigner des droits aux personnes pour qui ils ont le plus de valeur[29]. Elle est perçue comme un instrument de légitimation, voire un leitmotiv des réformes

---

M.F. Sawadogo, OHADA-Droit des entreprises en difficulté, Bruylant, Bruxelles, Collection Droit uniforme africain, 2002.

[25] Le droit des sûretés à l'épreuve des réformes, Actes du Colloque organisé par la revue Droit et Procédure, Perpignan, les 9 et 10 juin 2006 coll. Droit et Procédures, éd. juridiques et techniques 2006, sous la direction de Y. Picod et P. Crocq ; Egalement, « L'apport du guide législatif de la CNUDCI à la réforme du droit des sûretés, Colloque de l'Université d'Auvergne du 23 avril 2004 ; Association Henri Capitant, Journées Portugaises , spécialement, M. Grimaldi, Problèmes actuels des sûretés réelles, LGDJ, 1998 ; 82è Congrès des notaires de France, Les garanties du financement, Nice 1986 ; R. Houin, L'évolution du droit des sûretés, RJC 1982, n°spécial, l'évolution des sûretés, p.3.

[26] L'efficacité se distingue de l'efficience. Est efficace ce qui produit l'effet attendu (Dictionnaire Grand Larousse 2009 V° efficacité). « Est efficient le moyen qui atteint le résultat souhaité au moindre coût » (A.L. Sibony, Le juge et le raisonnement économique en droit de la concurrence, LGDJ, Coll. « Droit et économie « 2008, n° 113, p°88, note 184).

En d'autres termes l'efficacité ne préjuge pas de la nature de la fin poursuivie tandis que l'efficience consiste à porter un jugement sur le caractère approprié ou proportionnel du moyen. Une règle efficiente est une règle économiquement efficace lorsqu'elle permet la meilleure allocation possible des ressources (Cécile Perès, rapport introductif au colloque « l'Efficacité économique en droit », op.cit. p9).

[27] Cf. M. Fernandez, La floating charge anglaise à l'épreuve du droit français des sûretés réelles, Mémoire DEA, Panthéon-Assas Paris II 2000/2001.

[28] A. Raynouard et A-J. Kerhuet, L'évaluation des systèmes juridiques au cœur de la tourmente, op.cit. p. 2928.

[29] Cf. Guy Canivet, Marie-Anne Frison-Roche, Michael Klein, Mesurer l'efficacité économique du droit, op.cit.

législatives, tandis que l'analyse du droit à l'aune de la sécurité juridique met en évidence son aptitude à permettre une réalisation effective et durable des projets des sujets de droit[30]. Si on considère les réformes récentes des sûretés ou les modèles proposés par les institutions internationales[31], les techniques de garantie du Common law[32] dominent, ainsi que le souci d'efficacité économique. Ce constat amène à s'interroger sur la cohabitation des deux concepts, s'agissant des sûretés.

La sécurité juridique est souvent confondue avec la sécurité qu'une partie attend de la sûreté. Celle-ci est fonction de l'efficacité de la sûreté par rapport aux attentes conjoncturelles du législateur ou des parties. La sécurité juridique est en revanche celle que le citoyen est en droit d'attendre de son système juridique ; en l'occurrence, elle implique que la règle soit accessible, claire et lisible et c'est ainsi qu'elle est entendue par le Traité de l'OHADA dans son

---

[30] A. Penneau, La sécurité juridique à travers le processus de normalisation, Conférence organisée par le programme international de coopération scientifique, Montréal, 30 septembre 2003.
www.lex-electronica-org/doc/articles.

[31] Pour un aperçu des réformes :
En France, l'Ordonnance du 23 mars 2006 relative aux sûretés a été publiée au Journal Officiel du 24 mars 2006 (V. Ph. Simler, La réforme du droit des sûretés - Un Livre IV nouveau du Code civil, JCP 2006, éd. G, n° 13, 29 mars 2006, I 124).
En Europe, les travaux concernant l'eurohypothèque initiés en 1966 par la CEE n'ont pas abouti. Ils ont été relancés en 2005 dans un Livre vert intitulé « le crédit hypothécaire dans l'Union européenne ». Cf. dans ce sens : E.F. Espada, La flexibilité attendue des systèmes hypothécaires et l'eurohypothèque, in le droit des sûretés à l'épreuve des réformes, op.cit. p.75 et suiv.; Anne Gard, Les sûretés réelles dans l'Europe des Vingt –Sept, Mémoire Master 2 Droit notarial Université de Montpellier1 ; en ligne www.lounotari.fr/suretesreelles.pdf.
Au niveau des Nations-Unies: Le guide législatif de la CNUDCI, un ensemble de recommandations pour l'harmonisation au plan international des règles afférentes aux relations internationales en général et aux sûretés et garanties en particulier ; Cf. L'apport du guide législatif de la CNUCI à la réforme du droit des sûretés, Colloque de l'Université d'Auvergne, Banque et Droit, n°97, septembre-octobre 2004 p.26. Egalement, La convention relative aux garanties internationales sur les matériels d'équipement mobiles, UNIDROIT, Cape Town 2001.

[32] L'article 9 de Uniform Commercial Code des Etats-Unis, instituant la Security interest, inspire nombre de lois-modèles ou conventions internationales désireuses de promouvoir ce type de garantie : loi-modèle sur les opérations garanties élaborées par la BERD en 1994 : sûreté « charge » pouvant porter sur les biens mobiliers ou immobiliers, présents ou futurs. Le texte est disponible à :
htpp://www.ebrd.com/country/sector/law/stcore/modellaw/modellawpdf. ; il en va de même du Guide législatif de la CNUDCI sur les opérations garanties qui prévoit une sûreté pouvant porter sur l'ensemble des biens mobiliers du constituant : htpp://www.unicitral.org/. Le droit du Québec, droit de tradition romano germanique prévoit également une hypothèque dite ouverte proche de la floating charge.

préambule[33]. Tandis que l'attractivité tourne le droit vers l'extérieur, la sécurité juridique est au contraire, une qualité propre à tout système normatif, quel que soit son origine ou son stade de développement. L'idée de justice qui rend à chacun ce qui lui est dû[34], permet d'assurer la prévisibilité et la sécurité des droits subjectifs, partant de générer la confiance des acteurs. L'attractivité est à l'évidence une démarche d'efficacité économique, or celle-ci n'attribue les droits qu'à ceux pour qui ils ont le plus de valeur. La doctrine civiliste a relevé ce propos, le danger que présenterait l'évaluation du droit sous le prisme de l'efficacité économique en dehors de la sécurité juridique telle qu'elle est générée par chacun des systèmes de droit en tant que qualité propre et essentielle[35]. Elle prône l'établissement d'un index de la sécurité juridique, méthodologie qui fait également appel à l'analyse économique du droit. Elle s'en éloigne cependant sur l'idée de mise en compétition des droits et leur réduction ad unum, pour privilégier la recherche fondée sur la diversité des systèmes juridiques.

5- L'attractivité économique du droit des sûretés réelles s'appuie sur une double démarche normative : d'une part, renforcer les qualités de souplesse, de lisibilité et d'accessibilité du droit, nécessaires au développement du crédit. D'autre part, édicter des règles de nature à favoriser la confiance, clé de voûte des activités de crédit, étant entendu que l'accès au financement et le développement du crédit sont déterminés en grande partie par la capacité du débiteur à offrir librement une garantie fiable[36].

La première démarche a consisté au renforcement d'un droit commun des sûretés réelles accessible et lisible (I), tandis que la seconde s'est concrétisée en l'édiction de règles spécifiques orientées (II).

1.Un droit accessible et lisible

6 - Le droit des sûretés réelles a la réputation d'être un droit *aride, excessivement technique*[37] ou encore un *maquis inextricable* dans lequel les

---

33 ...Conscients qu'il est essentiel que ce droit soit appliqué avec diligence, dans les conditions propres à garantir la sécurité juridique des activités économiques, afin de favoriser l'essor de celles-ci et d'encourager l'investissement (extrait du Préambule du Traité de l'OHADA.

34 La fonction du juriste est de rendre à chacun son dû ; le célèbre « sum cuique tribuere » Ciceron, J-Cl. Ricci, Introduction à l'étude du droit éd. Hachette, 2007, p.19

35 A. Raynouard et A-J. Kerhuet, L'évaluation des systèmes juridiques au cœur de la tourmente, op.cit. p 2932

36 Objectifs de la réforme in Projet de réforme de l'Acte uniforme portant organisation des sûretés en droit OHADA, Rapport pour le secrétariat permanent de l'OHADA, Programme d'évaluation et d'amélioration des actes uniformes, novembre 2009 , document non publié.

règles sont dispersées dans différentes matières, rendant complexe son accès et sa compréhension. Le premier facteur de son attractivité est l'accessibilité et la lisibilité. La réforme a pris la mesure de cette exigence en procédant à l'élaboration d'un ensemble ordonné de règles (A) ainsi qu'à l'institution d'un principe général de publicité (B).

A. Un ensemble ordonné

Les rédacteurs ont entendu éloigner le risque d'une balkanisation du droit des sûretés[38]. Il y a, en effet, une systématisation des règles, c'est-à-dire leur organisation en un ensemble cohérent selon un ordre et une méthode déterminée[39]. Ce corpus est régi par un droit commun autour d'une nouvelle définition de la sûreté réelle.

Dans sa rédaction de 1997, l'AUS prévoyait déjà une énumération limitative des sûretés réelles et une codification du droit des sûretés. La réforme marque, de ce point de vue, son ancrage dans le système civiliste où le droit est écrit et repose sur des codes contenant nombre de textes épars votés par les parlements nationaux ou adoptés par l'exécutif. La codification en est la marque distinctive face au Common law, d'essence jurisprudentielle (case law) et produit naturel de règles non écrites élaborées au cours des siècles. Dans le système civiliste la notion de codification est inséparable de la sécurité juridique, qui implique un accès facile aux règles de droit[40].

Le droit dans son activité de systématisation s'appuie sur un certain nombre de procédés ou techniques, parmi lesquelles la technique de définition[41].

1° Une nouvelle définition de la sûreté réelle

7 - La définition de la sûreté réelle était déjà une avancée notable dans la version initiale de l'AUS car sous d'autres latitudes la difficulté à retenir une définition de la sûreté confine à l'impossibilité[42]. La réforme reprend ce souci de cohérence et énonce que: « *la sûreté réelle consiste soit dans le*

---

37 P. Ancel, Droit des sûretés, Litec, 5è éd. 2008, n° 2. ; Philippe Simler, JCP éd. G 2006, supplément au n°20, Commentaire de l'Ordonnance du 23 mars 2006 relative aux sûretés, Avant Propos, p.3

38 L'expression est empruntée à D. Legeais, L'apport du droit des marchés financiers au droit des garanties réelles, Mélanges Cabrillac, P. 365.

39M. Billiau, J. Mestre, E. Putman, Droit commun des sûretés réelles, éd. LGDJ, 1996

40 R. Sérousi, Introduction au droit comparé, éd Dunot, 2003, p. 27 et suiv.

41 S. Brat, M. Ekelmans, A. Meinertzhagen-Limpens, De l'importance de la définition en droit, ouvrage collectif, éd Bruylant, 1999.

42 M. Cabrillac et Ch. Mouly, Droit des sûretés, Litec, 7è éd., n°2 ; Ph. Théry, Sûretés et publicité foncière, 2é éd. n°6

droit du créancier de se faire payer par préférence sur le prix de la réalisation d'un bien affecté à la garantie de l'obligation de son débiteur, soit dans le droit de recouvrer la libre disposition d'un bien dont il est propriétaire à titre de garantie de cette obligation[43] ».

Par rapport à sa rédaction initiale[44] la définition que donne la réforme rend compte de l'évolution de la notion. Elle est passée d'une sûreté réelle dont la finalité est exclusivement l'attribution d'un droit préférentiel sur la valeur du bien, à une sureté réelle à double finalité : l'attribution d'un droit préférentiel et l'attribution d'un droit exclusif sur le ou les biens grevés. Elle réaffirme également le caractère accessoire de la sûreté.

Entre conception large et conception restrictive : la réforme de l'AUS prend le parti de la conception restrictive[45]. Ce débat a connu un regain d'intérêt à l'occasion de la validité de la clause de réserve de propriété et du droit de rétention, en tant qu'elles créent des situations d'exclusivité là où le droit semblait les proscrire. La conception large considère en effet comme sûreté tout mécanisme de garantie contre l'insolvabilité du débiteur, tandis que dans la conception restrictive, ne sont concernés que les droits spécialement accordés au créancier dans ce but et dont la réalisation lui permet d'obtenir un paiement[46].

Autrement dit, la qualification de sûreté était réservée aux seuls mécanismes qui ne peuvent être utilisés à d'autres fins et qui présentent certains caractères essentiels : *leur finalité* qui leur permet d'échapper à la loi du concours entre les créanciers, *leur technique* qui est un droit d'agir en réalisation du bien grevé et un droit d'agir accessoire à la créance garantie[47]. La nouvelle définition englobe ces deux approches. Le nouvel article 4 al.2[48] énonce que la propriété elle-même peut être également utilisée comme

[43] Article 4, al. 2 de l'AUS révisé.

[44] Ancien article 2 al. 2 « La sûreté réelle consiste dans le droit du créancier de se faire payer, par préférence, sur le prix de réalisation du bien meuble ou immeuble affecté à la garantie de l'obligation de son débiteur ».

[45] La doctrine OHADA est dans le sens de la conception restrictive, même lorsqu'elle utilise le mot « garantie » à la place de sûreté ; cf. J. Issa-Sayegh, La liberté contractuelle dans le droit des sûretés OHADA, Penant, n° 851, Avril-juin 2005, p. 150.

[46] Sur l'ensemble de la question, voir M. Dagot, Sûretés monovalentes et sûretés polyvalentes, JCP, N, 1999, n°381 ; P. Crocq, Propriété et garantie, LGDJ, Bibliothèque de droit privé, t.248, n°392 et suiv.

[47] Cette définition est de P. Crocq, Propriété et garantie, LGDJ, 1995, n°265 et suiv. Cf. égalmt, C. Ginestet, La qualification des sûretés, Defrénois 1999, art.36927 et 36940.

[48] Art 4 al 2 : « la sûreté réelle consiste soit dans le droit du créancier de se faire payer par préférence sur le prix de la réalisation d'un bien affecté à la garantie de l'obligation de son débiteur, soit dans le droit de recouvrer la libre disposition d'un bien dont il est propriétaire à titre de garantie de cette obligation »,

technique de garantie, tandis que l'article 1er élargit le domaine des sûretés en général, en prévoyant la latitude de garantir des obligations futures, simplement déterminables, conditionnelles ou non, ou encore la possibilité du gage des choses futures, de choses simplement déterminables, d'un ensemble de choses, et du nantissement des créances actuelles ou futures. Il s'agit d'une conception large et fonctionnelle qui transcende la conception des sûretés confinée aux situations de préférence. Sans pour autant englober tous les mécanismes de garantie contre l'insolvabilité du débiteur, la sûreté réelle OHADA est à la fois un mécanisme aux fins de paiement et un mécanisme de revendication de bien. Elle a également un caractère accessoire.

La conception restrictive a le mérite de la précision. Elle permet de savoir à tout moment les sûretés prévues et la situation juridique du bien assiette de la sûreté.

8- La sûreté est l'accessoire d'une obligation principale qui est le droit de créance. Le texte rejoint la conception du droit français qui ne consacre pas de sûretés réelles dépourvues de caractère accessoire. En droit allemand en revanche, il est institué deux sûretés réelles indépendantes, la cédule hypothécaire et la dette foncière[49]. Cette dernière, totalement indépendante de la créance qu'elle garantit, peut être créée même si la créance à garantir n'existe pas. Elle ne disparaît pas lorsque cette créance est payée. La cédule hypothécaire est un titre négociable représentant la dette souscrite sur un immeuble et qui peut circuler facilement.

2° Une clarification des termes

Elle concerne chacune des sûretés retenues par le texte : *le droit de rétention, la propriété retenue ou cédée à titre de garantie, le gage des meubles corporels, le nantissement des meubles incorporels et les privilèges (Article 50).*

9- Il est mis fin au morcellement des sûretés mobilières en divers régimes spéciaux du gage et du nantissement. A présent, le gage est la sûreté portant sur des meubles corporels, et le nantissement, sur les meubles incorporels[50].

Art 1er « Les sûretés sont les moyens accordés au créanciers par la loi de chaque Etat partie ou la convention des parties pour garantir l'exécution des obligations, quelle que soit la nature juridique de celles-ci et notamment qu'elles soient présentes ou futures, déterminées ou déterminables, conditionnelles ou inconditionnelles, et que leur montant soit fixe ou fluctuant ».

[49] Sur ces modèles, il a été proposé de créer une « eurohypothèque indépendante» in D. Legeais, Sûretés et garanties du crédit, op.cit. n°346.

[50] Cf : A. Marceau-Cotte et L-J. Laisney : Vers un nouveau droit du gage OHADA, p 66 ; A. Marceau-Cotte et O. Fille-Lambie : Les sûretés sur les meubles incorporels : le nouveau

Les hypothèques connaissent une nouvelle définition qui en élargit l'assiette aux créances non encore nées, aux immeubles futurs ou indivis[51]. L'hypothèque consiste dans l'affectation d'un immeuble déterminé ou déterminable appartenant au constituant, en garantie d'une ou plusieurs créances, présentes ou futures à condition qu'elles soient déterminées ou déterminables ». La propriété-sûreté et le droit de rétention sont des situations d'exclusivité qui ne confèrent pas de droit de préférence mais s'exerce sur la propriété ou sur le bien lui-même.

Concernant les privilèges, l'AUS révisé a maintenu la remise en ordre entreprise par le texte initial, soit pour un toilettage des privilèges hérités du droit français pour en évincer ceux qui ne correspondaient plus à rien dans la vie économique, soit pour réduire ceux qui étaient excessifs . Les privilèges généraux du Code civil ont été réaménagés en nombre plus réduit avec l'institution d'une publicité obligatoire au Registre du commerce et du Crédit mobilier pour ceux d'entre eux qui garantissent des sommes très importantes[52]. Concernant les privilèges mobiliers spéciaux, l'Acte uniforme a introduit en revanche la règle de la préférence au premier saisissant en matière de conflits entre privilèges portant sur les mêmes biens mobiliers. Aucune disposition nouvelle n'a été ajoutée mais une simple reprise des dispositions dans de nouveaux articles (177 à 187).

10 - S'agissant de la nature civile ou commerciale, la question demeure sans réponse dans le texte ainsi que celle de la qualité du créancier et du constituant. En droit français, la matière relève traditionnellement du droit civil même si elle connaît des règles propres aux sûretés commerciales[53]. La réforme de 2006 a conforté cette distinction[54] que les auteurs déplorent comme contribuant au manque de lisibilité du droit[55]. Au plan international, la tendance est à l'unification du droit civil et commercial[56]. Mais autant l'opposition existe en droit français, autant la distinction est moins évidente

---

nantissement de l'Acte uniforme sur les sûretés, in Bientôt un nouveau droit des sûretés dans l'OHADA, Revue Droit et Patrimoine, op.cit., respectivement pp 66 et 72.

[51] L'ancien article 117 définit l'hypothèque comme « une sureté réelle immobilière conventionnelle ou forcée ».

Cf. M. Bizoua-Bi : l'attractivité du nouveau droit OHADA des hypothèques, Bientôt un nouveau droit des sûretés dans l'OHADA, Revue Droit et Patrimoine, op.cit P. 86.

[52] Les privilèges du Trésor public, douanes, organismes de sécurité sociale.

[53] Le gage commercial a été consacré par la loi du 23 mai 1863

[54] D. Legeais, De la distinction des sûretés civiles et commerciales, Etudes de droit privé ; Mélanges offerts à Paul Didier, Economica 2008, p.237, relève à l'appui de ce constat l'introduction dans le code de commerce d'un gage sur stocks, alors que le gage de droit commun du Code civil était lui-même refondu pour parvenir aux mêmes fins.

[55] Ibidem, D. Legeais, p. 244

[56] Tallon, Réflexions comparatives sur la distinction du droit civil et commercial, Etudes Jauffret, p.649 et suiv.

en droit OHADA qui est un droit des affaires. La doctrine[57] relève sa spécificité en ce qu'il tente de réaliser l'unification du droit privé, en regroupant un certain nombre de matières dont certaines relevaient du droit civil[58] et répond indirectement qu'il n'existe pas en droit OHADA une distinction entre sûretés civiles et commerciales. Cependant l'institution de l'agent de sûreté[59]et la définition du débiteur professionnel[60] semblent traduire une distinction entre le professionnel et le non professionnel.

11- La systématisation des règles est, comme il a été dit, un facteur de sécurité juridique à travers laquelle le droit poursuit, « l'objectif de valeur constitutionnelle d'accessibilité et d'intelligibilité de la loi »[61].

---

[57] H.D. Modi Koko Bebey, L'harmonisation du droit des affaires en Afrique : regards sous l'angle de la théorie générale du droit : « la pluridisciplinarité de ce droit lui confère une vocation à abriter des règles d'origines diverses notamment droit civil, droit pénal, droit du travail et évidemment du droit commercial classique... ». www.juriscope.org/actu_juridiques/doctrine/.../ohada_1.pdf

[58] ibidem

[59] La réforme a consacré la notion d'agent de sûreté afin de favoriser les investissements réalisés par les pools bancaires. On sait que **dans les financements syndiqués**, le débiteur a une pluralité de créanciers détenant chacun une quote-part de la créance de remboursement. **Les usages bancaires internationaux confient à une entité spécifique - « l'agent des sûretés »- le soin de prendre, de gérer le cas échéant et de réaliser les sûretés au profit de l'ensemble des créanciers.** La réforme de l'AUS régit cette institution aux articles 6 et suivants du projet de réforme : « toute sûreté ou autre garantie de l'exécution d'une obligation peut être constituée, inscrite, gérée et réalisée par une banque ou un établissement de crédit, national ou étranger, agissant, en son nom et en qualité d'agent de sûreté, au profit des créanciers de la ou des obligations garanties l'ayant désigné à cette fin ». Cf. E. Gentil et J. Delbard, L'agent de sûreté, pour une modification de l'article 2328-1 du Code civil.

[60] L'Article 3 du projet de réforme : « Est débiteur professionnel au sens du présent Acte, tout débiteur dont la dette est née dans l'exercice de sa profession ou se trouve en rapport direct avec l'une de ses activités professionnelles, même si celle-ci n'est pas principale ». Il s'agit de la transposition au débiteur professionnel de la définition donnée par la jurisprudence française au créancier professionnel par la première chambre civile de la Cour de cassation le 9 juillet 2009 :« le créancier professionnel s'entend de celui dont la créance est née dans l'exercice de sa profession ou se trouve en rapport direct avec l'une de ses activités professionnelles, même si celle-ci n'est pas principale »; JCP G 2009 n°40, 286 note D. Legeais ; D. 2009, A.J. p. 2032, obs. Delpech ; Petites Affiches n°210 du 21 octobre 2009, p. 16, obs. O. Cuperlier.

[61] Pour le Conseil constitutionnel français, (D.C. 99-421 du 16 décembre 1999) : "l'égalité devant la loi énoncée par l'article6 de la Déclaration des droits de l'homme et du citoyen et la "garantie des droits" requise par son article 16 pourraient ne pas être effectives si les citoyens ne disposaient pas d'une connaissance suffisante des normes qui leur sont applicables". Sur cette décision, voir B. Mathieu, "La sécurité juridique : un produit d'importation dorénavant "made France", *D.*, 2000, ne4, Point de vue, VII., cité par P. Deulier, La publication de la loi et le mythe de sa connaissance, petites Affiches, 6 mars 2006, n°46, pp. 6 et 8.

12-L'accessibilité entraine une présomption de connaissance de la loi que traduit le principe *nul n'est censé ignorer la loi.* La réforme a naturellement transposé ces règles sans retenir les nombreux critiques qu'elles soulèvent[62], notamment l'inadaptation du système actuel à justifier la présomption de connaissance. A ce propos, la publication de l'AUS révisé au Journal Officiel de l'OHADA crée une présomption de connaissance du texte, même si chacun sait que la réalité est toute autre. La présomption est pourtant dotée de la force obligatoire maximale. En effet, nul ne peut plus invoquer son ignorance pour échapper à l'application de la loi.

13- Cependant, il aurait fallu profiter de l'occasion pour imaginer des procédés plus fiables que « Nemo censetur ignorare legem » pour rendre le nouveau droit des sûretés accessible au plus grand nombre. Ces procédés peuvent être notamment les débats publics entourant l'adoption de l'Acte uniforme, la publication par voie d'affichage auprès de publics cibles, et aussi, la lecture publique, à haute voix ou au son du tambour, comme il est d'usage dans certains États de l'OHADA[63] à condition que ces publics soient des destinataires réalistes de la réforme.

De façon générale, la publication entendue comme « l'action par laquelle on rend une chose publique et notoire[64] », n'est pas réductible au seul domaine de la loi, elle concerne également les droits subjectifs. Les sûretés réelles étant définies et délimitées par la loi, elles devraient également, comme tous les droits réels, être opposables erga omnes. Cette opposabilité n'est cependant pas automatique. Dans l'intérêt du crédit, mais également dans l'intérêt de la sécurité des transactions, il est primordial de pouvoir déterminer d'abord qui est titulaire d'un droit réel de garantie. La réforme de l'AUS reprend l'exigence du principe de publicité des sûretés à peine d'inopposabilité en le généralisant.

B. La généralisation de la publicité

14 -Un ensemble cohérent n'est pas compatible avec des éléments occultes et les exigences de lisibilité et d'accessibilité du droit seront réduites à peu de chose si les droits qui naissent des rapports entre les personnes devaient rester dans le secret des affaires[65]. La publicité, selon le doyen Carbonnier, protège les citoyens des inquisitions moralisantes du juge

[62] P. Deulier, La publication de la loi et le mythe de sa connaissance, petites Affiches, 6 mars 2006, n°46, p.6.

[63] Cette pratique existe encore dans les campagnes du Togo.

[64] Répertoire de Jurisprudence Guyot, 1782

[65] P. Crocq : les grandes orientations du projet de réforme de l'Acte uniforme portant organisation des sûretés, Revue Droit et Patrimoine, numéro spécial n° 197, nov. 2010, p 52.

et de son arbitraire dans l'appréciation du contrat[66], mais dans la constitution des sûretés réelles l'exigence de publicité a un autre sens et une autre portée. Elle est une condition de leur opposabilité aux tiers[67]. Le droit réel s'exerçant directement sur la chose, il est absolu, en ce sens qu'il peut être opposé par son titulaire à tous « erga omnes ». Les tiers sont tenus de respecter ce droit, sans que le titulaire puisse exiger d'eux un acte positif. La publicité permet aux tiers d'être informés de l'existence des droits réels.

L'AUS révisé a pris l'exacte mesure du rôle de la publicité. Certes, le non respect des formalités de publicité ne remet pas en cause la validité des sûretés, mais il est une cause d'inefficacité, car pour un droit réel qui doit être opposable erga omnes, il revient au même d'être inopposable que d'être nul[68]. On distingue à cette occasion, l'inscription des droits réels mobiliers et la publicité des droits immobiliers.

1° La publicité par l'inscription des sûretés mobilières

15- Les rédacteurs de la réforme ont élaboré un droit commun de l'inscription des sûretés mobilières[69] à l'exemple du guide législatif relatif aux obligations garanties de la CNUDCI[70], mais à la différence du droit français. Il concerne toutes les sûretés mobilières sans dépossession quelle que soit leur nature juridique, ou la nature corporelle ou incorporelle du bien assiette de la sûreté. Auparavant l'Acte uniforme relatif au droit commercial général (AUDCG) réglementait l'inscription des sûretés réelles mobilières en les envisageant séparément.

Le principe de la publicité des sûretés mobilières apparait comme le palliatif nécessaire à la disparition du caractère réel du gage. En effet, la

---

[66] J. Carbonnier, Droit civil, Les biens, Les obligations, PUF Vol. II, octobre 2004, n°1008

[67] L'inopposabilité est définie comme « l'inefficacité au regard des tiers d'un droit né par suite de la passation ou par suite de la nullité d'un acte juridique » : Bastian, Essai d'une théorie générale de l'inopposabilité, Th. Paris, 1929, p.5 ; René Roblot a dégagé trois fonctions essentielles de la notion : sanction normale des règles de publicité, protection des tiers qui ont fait confiance à une situation apparente, protection des créanciers chirographaires contre les transformations qui peuvent affecter le patrimoine de leur débiteur, In Applications et fonctions de la notion d'inopposabilité, Mélanges Voirin 1966, p. 710 et suiv., n° 4.

[68] J. Flour, Quelques remarques sur l'évolution du formalisme, Mélanges Ripert, 1955, T1, p.113.

[69] Articles 51 et suivants de l'AUS

[70] Le guide législatif de la CNUDCI est un ensemble de recommandations pour l'harmonisation au plan international des règles afférentes aux relations internationales en général et aux sûretés et garanties en particulier ; Cf. L'apport du guide législatif de la CNUCI à la réforme du droit des sûretés, Colloque de l'Université d'Auvergne, Banque et Droit, n°97, septembre-octobre 2004 p.26. Également, La convention relative aux garanties internationales sur les matériels d'équipement mobiles, UNIDROIT, Cape Town 2001.

fortune mobilière est, dit-on, anonyme et vagabonde[71], c'est pourquoi la dépossession est la suite logique du droit de préférence dont bénéficie le titulaire d'un droit réel. Dans la constitution des gages avec dépossession, la possession du créancier est une publicité de fait, une apparence à laquelle les tiers peuvent se fier[72]. Le bien remis au bénéficiaire de la sûreté le garantit contre le risque de dissipation du bien qu'il a déjà en sa possession et dont il n'aura pas à demander la saisie en cas de défaillance du débiteur. Le maintien par le Code civil des contrats réels s'expliquait par les règles traditionnelles de transfert des meubles, basées sur la possession effective, et sur l'impossibilité de la revendication du meuble volontairement confié[73]. En effet, les « meubles n'ont pas suite par hypothèque et la « possession vaut titre ». A cet égard, la possession des meubles a pu être considérée comme la marque extérieure du droit de propriété. Mais la dépossession, concevable sur des biens que le constituant peut délaisser momentanément sans autre inconvénient que l'impossibilité d'en jouir, devient paralysante lorsqu'elle porte sur des biens de production : « le crédit devenait un ennemi de la production, il ne pouvait être acquis qu'au détriment de celle-ci »[74]. Mais en même temps, la nature vagabonde des meubles condamne leur publicité à une inefficacité presque certaine, car congénitalement imparfait ». Aussi avait-on choisi la solution médiane de la dépossession symbolique.

En effet, avec la remise en cause du principe de la dépossession matérielle, on eut recours à la dépossession symbolique au moyen, notamment, des titres du droit commercial[75]. Le titre n'assure en effet la transmission parfaite du droit qu'il représente que si un certain nombre de mentions y figurent[76]. L'importance des titres en fait un *facteur de la*

---

[71] Gavalda in « Le secret des affaires », Mélanges Savatier, p. 291 et suiv.

[72] Cf. à propos de la publicité source d'apparence : Demogue, Les notions fondamentales de droit privé ; op. cit., p. 76 ; J. Calais-Auloy, Essai sur la notion d'apparence en droit commercial, Th. Montpellier, LGDJ 1959, n° 31 et 32 ; Derrida, Repertoire. Dr. Civ. V° Apparence, n° 31.

[73] Pour l'historique de la revendication mobilière, cf. A-M. Patault, Introduction historique au droit des biens, op. cit. n° 255 et les références citées.

[74] J. Hamel D. 1937 chr. 37.

[75] Sur le principe de l'équivalence juridique entre la dépossession matérielle et la dépossession symbolique par les titres du droit commercial : Cf. pour le connaissement : Cass. Civ. 31 mai 1882 D.P. 1894, I, 185, note Levillain ; S. 1894, I, 81, note Lyon-Caen : « Relativement à l'exercice de droit de gage résultant de la remise du connaissement, il n'y a point, en présence de termes généraux et absolus de l'article 92 du code de commerce, de distinction à faire entre la possession symbolique et la dépossession matérielle. Celle-ci ne saurait suffire, pour effacer les droits du créancier que la loi déclare saisi des marchandises par le connaissement. Les droits subsistent quand même, tant que le connaissement est entre les mains du créancier et que l'objet du gage n'a pas perdu son individualité ».

[76] J. Flour, Quelques remarques sur l'évolution du formalisme, Etudes Ripert, T. I, p. 93.spéc. p. 96. Au sujet de la technique de l'incorporation du droit dans le titre, René Savatier remarquait qu'une

transition du droit privé dans lequel il y a substitution, à un régime de possession, d'un régime de valeurs, ou encore substitution de la créance à la propriété : « *ce qui est important, ce n'est plus la conservation du bien pour la jouissance, c'est la disposition pour en avoir la valeur... le titre commercial n'est pas seulement la preuve du droit, c'est la représentation même du droit ; céder le titre, c'est transmettre le droit* »[77].

Ainsi la gêne occasionnée par la constitution du gage classique avec dépossession est palliée par la possibilité offerte aux intéressés qui sollicitent des avances sur marchandises, d'entreposer ces dernières dans les Magasins Généraux contre la délivrance d'un double titre créé à cette occasion, le récépissé-warrant[78].

Par ailleurs, les marchandises en cours de transport peuvent être mises en gage dans le cadre du crédit documentaire par la remise au créancier d'un certain nombre de documents et titres dont le formalisme est très sévèrement apprécié[79]. Ce formalisme publicitaire[80] s'inscrivait plus généralement dans

---

technique particulière intervient souvent en vue de rendre artificiellement, mais efficacement réels des biens qui ne le seraient pas eux-mêmes. Elle les insère pour cela dans des titres assimilés à des biens corporels. Le propre de cette technique est « l'incorporation » de droits patrimoniaux quelconques dans un objet concret et symbolique qui, au stade actuel de notre civilisation, consiste en un morceau de papier portant une écriture. Ce morceau de papier, concret par sa nature, devient un bien corporel, en tant que signe et véhicule d'un bien incorporel. Les titres à ordre ou au porteur qui constatent ces biens ont besoin d'être le plus commodément et le plus rapidement véhiculés... » in Essai d'une présentation nouvelle des biens incorporels Rev. trim. dr. civ. 1956, p. 334 et Vers de nouveaux aspects de la conception et de la classification juridique des biens corporels, Rev. trim. dr. civ. 1956, p. 1.

[77] Ripert, Les aspects juridiques du capitalisme moderne, Paris, LGDJ 1951, p. 132, 148 et 149.

[78] Cabrillac, Encyc. Dalloz, Droit commercial, v° Warrant ; P. Scholer, Le régime juridique du warrant, Rev. Jurisp. Com. 1980, 121.

[79] Ph. Théry, in, Sûretés et publicité foncière, op. cit., p. 135, note 5, rapporte une espèce dans laquelle une facture mentionnant « des citrons », a été considérée comme non-conforme, le document d'ouverture du crédit spécifiant « citrons nurcia ».

[80] Le formalisme publicitaire doit être distingué d'une part du formalisme solennel, sanctionné par la nullité de l'élément juridique concerné, et d'autre part des formalités de publicité qui jouent simplement un rôle informatif. La fonction primaire commune à l'ensemble des publicités légales étant par ailleurs leur rôle informatif, il n'y a formalisme que par l'exigence d'une publicité substantielle, c'est-à-dire celle dont l'accomplissement est sanctionnée par l'inopposabilité de l'élément juridique justiciable de ces formalités. En d'autres termes, ce qui distingue le formalisme publicitaire des autres formalités exclusivement informatives, c'est son caractère obligatoire pour l'opposabilité efficiente et par conséquent insuffisante, en cas d'inaccomplissement, du seul accord des volontés ou d'une autre forme que celle exigée, pour l'efficacité de la constitution du droit réel vis-à-vis des tiers. Sur l'ensemble de la question, J. Duclos, L'opposabilité ; Essai d'une théorie générale, LGDJ 1984, pp. 171 et suiv.

la renaissance du formalisme mise en évidence par Jacques Flour[81], et qui prend le contre-pied de l'esprit du Code civil de 1804 « peu soucieux de l'information des tiers »[82]. La réforme de l'AUS ne traite pas expressément de la dépossession symbolique même si elle existe par la force des choses[83], en l'occurrence la disparition du caractère réel du gage. Les dispositions de l'AUS révisé organisent le régime du gage sans dépossession tout en maintenant la possibilité de constituer des gages avec dépossession dont les effets peuvent être attrayants pour le titulaire : la reconnaissance du droit de rétention, l'autorisation de vendre le bien lorsqu'il y a risque de péril[84] et le droit de revendication.

16- A propos de l'exercice du droit de rétention, il est heureux que le législateur OHADA n'ait pas retenu, contrairement au droit français[85] , que le gage sans dépossession puisse être assorti d'un droit de rétention. Dans l'AUS révisé, le droit de rétention n'existe qu'en cas de détention matérielle du bien par le créancier[86]. La dépossession est protégée en cas de dessaisissement involontaire : dans cette hypothèse, l'article 100 de l'AUS révisé donne au créancier le droit de revendiquer la chose gagée comme un possesseur de bonne foi.

Le caractère synthétique des dispositions relatives à l'inscription des sûretés mobilières est renforcé par le rôle du Registre du commerce et du crédit mobilier. Son organisation ressort toujours de l'Acte uniforme relatif au droit commercial général (AUDCG) qui devrait prendre des dispositions novatrices, notamment la nécessaire informatisation du RCCM. En revanche, en matière immobilière, la réforme n'a pas pu pallier l'absence d'un régime uniforme de publicité des droits immobiliers, cependant l'immatriculation qui est exigée dans tous les cas constitue un moyen sûr.

2° La publicité par l'immatriculation

17- La publicité foncière concerne en principe la publicité de tous les droits réels grevant l'immeuble notamment l'antichrèse et l'hypothèque. L'AUS ne reconnait et ne réglemente que la publicité hypothécaire. Dans la version initiale du texte, le principe de la publicité des hypothèques était

---

[81] Mise en évidence notamment par les ouvrages ou études précités de Moneclaye, J. Flour.

[82] J. Duclos, L'opposabilité ; Essai d'une théorie générale, op.cit. n° 261.

[83] Dans le gage avec dépossession de choses fongibles (art.103).

[84] Art.111 de l'AUS révisé

[85] Art. 2286,4° du Code civil : « Peut se prévaloir d'un droit de rétention sur la chose ...celui qui bénéficie d'un gage sans dépossession ».

[86] Art. 99 AUS révisé « lorsque le gage est constitué avec dépossession, le créancier gagiste, sous réserve de l'application de l'article 107 du présent Acte uniforme, peut opposer son droit de rétention sur le bien gagé, directement, ou par l'intermédiaire du tiers convenu, jusqu'au paiement intégral en principal, intérêts et autres accessoires de la dette garantie ».

retenu mais renvoyé quant à son organisation matérielle aux dispositions internes des États-Parties. La réforme maintient cette absence d'harmonisation. Aux termes de l'article 195 de l'AUS révisé : « tout acte conventionnel ou judiciaire constitutif d'hypothèque doit être inscrit conformément aux règles de publicité édictées par l'État-Partie où est situé le bien grevé et prévues à cet effet ».

La non-uniformisation de la publicité foncière des États-parties peut sembler un handicap à l'efficacité de tout le dispositif[87]. Toutefois, il convient de relativiser le risque car les régimes susceptibles d'être appliqués par les États sont connus et procèdent de deux conceptions : celle des Livres fonciers pour laquelle la publicité est constitutive de droits *(pas de droit réel sans inscription)* et celle de la publicité foncière du droit français où elle n'est que confortative de droits préexistants[88]. En d'autres termes, dans le système français, ce sont les actes juridiques qui sont publiés à fin d'opposabilité. La publicité n'efface pas les vices de fond ou de forme du contrat. Ce dernier peut donc être contesté et, avec lui, le droit transmis. Dans le régime des Livres fonciers, ce sont les droits qui sont transmis. Ces derniers deviennent incontestables par l'effet de la force probante absolue attachée aux mentions du Livre foncier : *l'inscription du droit sur le livre foncier, sur le compte ouvert dans le livre foncier pour suivre la vie juridique du terrain immatriculé, valide ce droit de propriété, le rend incontestable et dans le même temps, purge tous les droits non révélés*[89].

18 - La règlementation de la procédure de l'immatriculation se situe dans l'optique des Livres fonciers[90] même si certaines dispositions s'en éloignent.

---

[87] Contra J. Issa Sayegh qui estime que les régimes de publicité en vigueur dans les Etats ne sont pas différents au point de créer une dichotomie dans l'application des règles. Cf. également, les études suivantes relatives à l'appropriation de la terre, la sécurité foncière, à l'occasion du quarantième anniversaire du Laboratoire d'anthropologie juridique de Paris, in Cahiers d'Anthropologie du droit, hors série, éd. Karthala, 2006 : A. Rochegude, Le foncier, une préoccupation constante, un champ d'expertise reconnue, p. 83 ; E. Le Roy, La généralisation de la propriété privée de la terre, une fausse bonne solution pour l'Afrique noire, p.93 ; égalmt : D. Flaux, Le foncier, un obstacle à la croissance des économies émergentes, Marchés tropicaux, 12 mars 2004, p. 541-543:

[88] Dominique Legeais : « Le droit français des conventions étant soumis au principe du consensualisme, la publicité n'est pas constitutive de droits. Elle a pour seul but de rendre les droits constitués sur les immeubles opposables à tous », in Sûretés et garanties du crédit, op.cit., n°476.

[89] A. Rochegude Le foncier, une préoccupation constante, un champ d'expertise reconnue, p.83 ; cf. les références note 109.

[90] Le système des livres fonciers sont institués par des textes coloniaux dans les pays africains de la zone franc : le Décret du 24 juillet 1932 portant réorganisation de la propriété foncière en Afrique occidentale française promulgué par arrêté du 1é avril 1933, J.O. AOF du 20 avril 1933 p.426 ; deux décrets du 21 juillet 1932 pour le Cameroun, J.O. Cameroun, 1934,

L'immatriculation est régie par l'article 192 de l'AUS révisé qui en fait une condition de la constitution de l'hypothèque : « *sauf disposition contraire, seuls les immeubles immatriculés peuvent faire l'objet d'une hypothèque* ». Cette procédure a une résonance particulière dans des pays où la terre fut longtemps un bien hors du commerce[91] : « *personne ne vend la terre chez nous* ![92]», et donc, porteuse de « droits obscurs dangereux pour le crédit et incompatibles avec le développement dont le colonisateur offrait l'archétype[93] ». L'immatriculation y a été définie comme la «*formalité qui consiste à soumettre au droit métropolitain un immeuble précédemment régi par les coutumes* [94]». Elle prouve l'existence du droit qu'elle constate, le droit de propriété et les droits réels qui grèvent la propriété. L'immatriculation confère aux droits réels qui sont par la suite inscrits sur l'immeuble immatriculé une force probante absolue : l'inscription de la sûreté, droit réel, vaut titre : « la propriété s'incorpore à l'inscription et le propriétaire du titre est propriétaire du droit, comme les titulaires d'autres droits sont au regard des tiers, réellement titulaires de leur droit[95] ». L'immatriculation assure à cette occasion une sécurité sans égale aux créanciers bénéficiaires de sûretés immobilières car le titre traverse sans jamais épuiser sa valeur originelle toute la série des mutations à venir, ayant entre les mains des porteurs successifs la même force probante qu'entre les mains du premier titulaire[96].

Le texte définitif a retenu la proposition de l'avant-projet relative à la possibilité d'une inscription provisoire sur des immeubles non présents et

---

p.230 ; Décret du 23 décembre 1922 rendant applicable au Togo les dispositions du Décret du 24 juillet 1906, Bulletin officiel des colonies, 1906, p. 681, J.O. du Territoire du Togo, n°29 du 1er février 1923, p.46 ; Décret du 28 mars 1899 applicable au Congo et étendu aux pays de l'Afrique Equatoriale Française, Bulletin officiel des colonies, 1899, p.346.

91 G. Kouassigan, La nature juridique des droits fonciers coutumiers, Encyclopédie juridique de l'Afrique, t5, Les Biens, éd. NEA, 1982, p.52 .

92 C'est ce que répondaient les autochtones togolais aux colons allemands qui voulaient acheter des terres pour la culture extensive du café et du cacao. Rapporté par M. Foli, Le régime juridique des terres au Togo, Th. Paris, 1972, p.26.

93 Etienne Leroy, Les objectifs de la colonisation française ou belge, Encyclopédie juridique de l'Afrique, t5, Les Biens, op.cit. p. 85; Victor Gasse, Le régime foncier outre mer et son évolution depuis l'indépendance, Thèse Aix-Marseille 1968, p.21 et suiv.

94 M. Foli, Le régime juridique des terres au Togo, thèse Paris 1972, p.61 et suiv.

95 ibidem

96 On signale que les hypothèques différées permises pour garantir les prêts à court terme (90 jours) sont immédiatement signalées au conservateur, mais ne seront publiées plus tard que si le besoin s'en fait sentir, mais elles prendront alors date à la date de leur signalement initial (article 130) CF. M. Grimadi, L'Acte uniforme portant organisation des sûretés, n° Spécial Petites Affiches, op.cit. p.33.
Pour l'évolution historique : Besson, Les livres fonciers et la réforme hypothécaire, Paris 1891, cité par V. Gasse, op.; cit. p.13.

non immatriculés (article 192 a contrario). Elle n'est pas conforme à l'esprit des Livres fonciers, lesquels ne prévoient pas des situations intermédiaires mais donnent des titres définitifs et inattaquables. Ils ne connaissent que des titulaires incontestables des droits réels soumis à inscription. La même observation est valable pour l'hypothèque des biens indivis [97] et les immeubles futurs.

L'AUS se rapproche d'autres systèmes de publicité qui ne garantissent pas le créancier titulaire d'une sûreté réelle immobilière contre les risques d'éviction qui proviennent du défaut de droit du constituant. En effet, garantir le créancier de toute menace d'éviction de ce chef reviendrait à lui conférer un titre plus solide que celui du constituant or nul ne peut transmettre plus de droit qu'il en a lui-même[98]. C'est la théorie du propriétaire apparent que le droit OHADA ne reconnaît pas[99].

19 - La publicité foncière est une autre illustration de l'opposition entre les conceptions civiliste et de Common law. On sait que la publicité foncière est caractérisée par un formalisme rigoureux, lequel est décrié par la doctrine de Common law, en particulier lorsque l'office du notaire est obligatoire[100]. Le formalisme requis pour la conclusion de certains contrats est critiqué au nom de l'exigence de rapidité et du moindre coût. Elle est conforme en revanche aux exigences du nouveau ratio de solvabilité de Bâle II[101] « qui donne une prime aux sûretés particulièrement efficaces notamment par la publicité[102]. Par ailleurs, l'histoire de la constitution des sûretés réelles immobilières montre que les

---

[97] Un arrêt de la chambre civile de la Cour de cassation a jugé que la nullité de l'hypothèque sur la chose d'autrui est absolue (ce qui sera le cas tant que le partage de l'immeuble indivis n'a pas eu lieu). Elle ne saurait être couverte par l'acquisition ultérieure de l'immeuble par le constituant (Cass. Civ. 24 mai 1892, DP 1892, 1, 289).

[98] Ph. Théry, Sûretés et publicité foncière, PUF, coll. Droit fondamental, 1988, n° 361 et 362 ; Ph. Simler, Ph. Delebecque, Droit civil. Les sûretés. La publicité foncière, n°305

[99] OHADA, « Sûretés » ouvrage collectif, op.cit, n°462

[100] Dans les rapports Doing business, le notariat est contesté, notamment avec son tarif dénoncé comme une entrave au libre jeu de l'offre et de la demande ; cf. notamment « Getting credit » Rapport 2004

[101] Les normes de Bâle II constituent un dispositif prudentiel destiné à mieux appréhender les risques bancaires et principalement le risque de crédit ou de contrepartie et les exigences en fonds propres. Ces directives ont été préparées depuis 1998 par le Comité de Bâle, ville de Suisse, sous l'égide de la Banque des Règlements Internationaux. Les normes de Bâle II devraient remplacer les normes mises en place par Bâle I et visent notamment à la mise en place du ratio Mc Donough destiné à remplacer le ratio Cooke. Source : http://fr.wikipedia.org. Cf. également les publications de la BRI.

[102] Reinhard Dammann, La réforme des sûretés mobilières : une occasion manquée, D. 2006, n° 19, et 14, dossier p. 1300. Le nouveau ratio rappelle qu'à terme « l'efficacité des sûretés pourrait avoir des incidences sur le comportement des banques et sur le choix de la localisation des financements internationaux et de la loi applicable aux sûretés ».

difficultés rencontrées[103] sont liées à l'exaltation de la propriété exclusive qui suppose qu'on puisse valablement constituer sur les biens dont on a la libre disposition des actes translatifs ou constitutifs de droits réels sans que les tiers soient informés. Le poids des traditions et la pression des partisans du secret des patrimoines ont longtemps entretenu la clandestinité des mutations immobilières[104]. Or un système qui empêche d'établir d'une manière complète la généalogie des immeubles et des charges qui les grèvent, et qui n'institue pas un principe général de publicité pour la constitution de sûretés mobilières qu'un débiteur consent en garantie de sa dette présente des dangers pour le crédit[105]. Le principe de publicité conforte le numerus clausus des sûretés en tant que corps de règles.

A ce stade, il apparait que le législateur communautaire a pris la mesure de la sécurité juridique du droit, à travers la lisibilité et l'accessibilité des règles. La réforme a également pris en compte des besoins spécifiques pour lesquels des règles « orientées » ont été édictées.

II. Des règles orientées

20 - L'adjectif « orienté » désigne à la fois ce qui est tourné vers une certaine direction, qui a une tendance doctrinale marquée, ou encore qui n'est pas objectif.

L'attractivité économique en tant que moyen d'attirer les entreprises et de garder celles qui se trouvent déjà sur un territoire vise un public particulier : ceux pour qui les règles présentent le plus de valeur : les investisseurs et les dispensateurs de crédit. Les rédacteurs de la réforme devaient «*présenter un nouveau texte adapté aux besoins des agents économiques, moderniser les concepts et introduire de nouvelles sûretés*[106] ». Les règles édictées à cette occasion sont forcément orientées vers des besoins et des mécanismes spécifiques.

1989, p. 199 et suiv.

104 Treilhard, Rapport au corps législatif : « Ce qui importait avant tout d'établir solennellement dans le code, c'est que les particuliers ont la libre disposition des biens qui leur appartiennent. Voilà la principale disposition du Chapitre III, voilà la sauvegarde et la garantie des propriétés » cité par A.-M. Patault, op.cit. n°116.
De Loynes, Le Code civil et le crédit, Livre du centenaire du Code civil, Paris 1904, p.382 et suiv.

105 Saint-Alary, Le secret des affaires en droit français, Travaux de l'Association Henri Capitant, T.XXV; Gavalda, Le secret des affaires, Mélanges Savatier, Paris, 1964, p. 291 ; Y. Guyon, Le droit de regard du créancier sur le patrimoine de son débiteur, Rev. juris. Com. n° spécial, 1982, p.121.

106 Projet de réforme de l'Acte uniforme portant organisation des sûretés en droit OHADA, Rapport pour le secrétariat permanent de l'OHADA, Programme d'évaluation et d'amélioration des actes uniformes, novembre 2009, inédit.

A-Les besoins spécifiques

Sous le régime antérieur, la liberté contractuelle était restreinte par la règle de spécialité[107], tandis que la réalisation des sûretés était plombée par la prohibition du pacte commissoire et la reconnaissance partielle de l'attribution judicaire de certaines sûretés. La réforme a procédé à l'assouplissement de la règle de spécialité et la promotion des aménagements conventionnels de réalisation des sûretés réelles.

1° L'assouplissement de la règle de spécialité

21 - Une sûreté est spéciale lorsqu'elle porte sur un ou des biens particuliers; elle est générale lorsqu'elle porte sur un ensemble de biens du débiteur ; plus « pleinement » générale, lorsqu'elle porte sur les biens meubles et immeubles, présents et à venir[108]. Le droit français énonce le principe de spécialité contrairement aux droits de Common law[109]. Il commande d'indiquer précisément dans l'acte constitutif de la sûreté le bien grevé et la créance garantie et proscrit par conséquent les sûretés sur les biens futurs. Son fondement repose sur la volonté de protéger le crédit du débiteur [110]. Originairement, la règle de la spécialité régit l'hypothèque et toutes les sûretés réelles conventionnelles. L'hypothèque ne pouvait pas porter sur tous les immeubles présents et à venir du débiteur ; il était également impossible de donner en gage un ensemble de biens meubles sauf à constituer une sûreté différente sur chacun d'eux. De même, « la mise en place d'un crédit d'exploitation, qui aurait été garanti par une masse de biens fluctuants était inimaginable[111] ». Par conséquent, la technique de sûreté réelle qui consiste à soumettre toutes les sûretés, quelle que soit leur qualification, au même régime juridique avec une même exigence de publicité et des effets similaires ne pouvait donc pas prospérer.

22- La réforme atténue sensiblement le principe de spécialité. Aux termes du nouvel a*rt 1er de l'AUS « Les sûretés sont les moyens accordés au créancier par la loi de chaque État partie ou la convention des parties pour garantir l'exécution des obligations, quelle que soit la nature juridique de celles-ci et notamment qu'elles soient présentes ou futures, déterminées ou déterminables, conditionnelles ou inconditionnelles, et que leur montant soit fixe ou fluctuant ».*Il en résulte que l'assiette des créances garanties par certaines sûretés est élargie de même que les biens grevés. Les avantages

---

[107] J. Issa Sayegh, La liberté contractuelle dans les sûretés OHADA, Ohadata D-05-06.

[108] J.Mestre, E. Putman et M. Billiau, Droit commun des sûretés réelles, op. cit. p. 56

[109] P. Crocq, Le principe de spécialité, op. cit, p58

[110] P. Crocq, ibidem

111 N.Borga, L'ordre public et les sûretés conventionnelles, Contribution à l'étude de la diversité des sûretés, Dalloz, Collection Nouvelle Bibliothèque de Thèses, 2009, n°83.

pour les parties sont évidents : réduction des coûts de constitution des sûretés en évitant de constituer une nouvelle sûreté pour chaque opération, possibilité d'assurer au créancier la préservation de son rang initial. Le droit OHADA rejoint d'autres législations dans ce sens.

En effet, la position de la réforme sur le principe de spécialité est conforme aux dispositions des droits français et québécois. Le nouveau Code civil du Québec de 1994 prévoit une hypothèque sur un ensemble de biens présents et à venir[112], tandis que le droit français issu de la réforme de mars 2006 institue un nouveau régime général du gage sans dépossession susceptible d'avoir pour objet un bien ou un ensemble de biens[113]. S'agissant des sûretés immobilières, on sait que jusqu'en 2006 en France, l'hypothèque ne pouvait garantir qu'un seul crédit à cause du principe de spécialité des créances. Avec l'hypothèque rechargeable depuis 2006, le débiteur peut mieux mettre à profit la marge de crédit disponible dans le cadre d'une enveloppe [114]. Le constituant peut en effet garantir un premier crédit immobilier, mais peut également se servir du même bien pour garantir d'autres crédits pris auprès d'autres créanciers. Le remboursement partiel du prêt initial dégage une nouvelle *« surface de garantie »* qui permet d'obtenir un nouveau prêt. Le premier avantage réside dans l'allègement des formalités et la réduction du coût, cela bien que la « convention de rechargement » revête nécessairement la forme notariée. L'AUS révisé ne prévoit pas l'hypothèque rechargeable mais atteint l'objectif de l'assouplissement du principe de spécialité par la possibilité de l'hypothèque sur les biens futurs et sur les biens indivis.

2° La promotion des aménagements conventionnels

Le contrat est à la base du crédit et de la constitution des sûretés. Qui dit contrat, dit en principe liberté contractuelle. Mais traditionnellement, les sûretés échappent à une totale liberté. Des règles classiques illustrent cette restriction, notamment le respect du numerus clausus et les formalités de publicité à peine d'inopposabilité ; la prohibition du pacte commissoire et de

---

[112] Le Code civil du Québec prévoit l'hypothèque comme une sûreté modèle avec une assiette très large : art 2660 du Code civil québécois : « l'hypothèque est un bien réel sur un bien, meuble ou immeuble, affecté à l'exécution d'une obligation ; elle confère au créancier le droit de suivre le bien en quelques mains qu'il soit, de la prendre en possession ou en paiement, de le vendre ou de faire vendre et d'être alors préféré sur le produit de cette vente suivant le rang prévu par le présent code » ; art 2666 « l'hypothèque grève soit un ou plusieurs biens particuliers, corporels ou incorporels, soit un ensemble de biens compris dans une universalité ». L'art 2670 prévoit la possibilité d'une hypothèque sur des biens futurs.

[113] P. Crocq, La réforme des sûretés mobilières, in Le droit des sûretés à l'épreuve des réformes, op.cit. p17.

[114] M. Grimaldi, L'hypothèque rechargeable et le prêt viager hypothécaire, JCP 2006, suppl. au n°20 p. 33 et suiv.

la clause de voie parée[115], ainsi que celle, dans une certaine mesure, de l'attribution judiciaire du bien.

La réforme lève dans une certaine mesure la défiance de principe envers les aménagements conventionnels de réalisation des sûretés.

S'agissant du numerus clausus, la loi elle-même a ouvert la brèche et prévu les conditions dans lesquelles de nouvelles sûretés pourront être constituées. Les parties ne peuvent certes pas créer les sûretés réelles mais elles ont plus de choix entre les sûretés prévues.

23- Le pacte commissoire permet au créancier titulaire d'une sûreté réelle de devenir propriétaire du bien assiette de la sûreté à défaut du paiement par le débiteur sans l'intervention du juge. Son interdiction répondait à une exigence classique de protection du constituant. En effet, le code civil se méfiait du créancier réclamant une sûreté réelle, parce qu'il brisait la règle de l'égalité et menaçait le propriétaire. Par ailleurs, le besoin de crédit qu'éprouve le débiteur constituant ne doit pas le mettre à la merci d'un prêteur sans scrupule[116]. Or, souvent la liberté des conventions n'est pour le débiteur aux abois qu'une formule vide de sens[117]. La jurisprudence a donc par la suite adopté une interprétation restrictive de la prohibition des aménagements conventionnels. Un auteur a estimé à ce propos que la « jurisprudence avait perdu la haine du pacte commissoire[118] » lorsqu'elle limite le domaine de la règle aux contrats de constitution qui sont conclus en même temps que le contrat de prêt. Puisque l'interdiction de ces conventions s'explique par l'infériorité psychologique dans lequel se trouve le constituant, disposé à tout accepter pour obtenir un crédit, leur conclusion est concevable lorsqu'elle intervient postérieurement, « lorsque la pression des créanciers n'est plus à redouter [119]».

Ainsi en matière hypothécaire, sont valables les clauses par lesquelles les parties prévoient à l'avance de s'affranchir de la procédure de saisie immobilière à l'occasion de la vente forcée de l'immeuble hypothéqué en cas de non-paiement, à condition que ces clauses soient révocables. Dans la version initiale de l'AUS, certaines dispositions montrent ce changement de perspective[120] La réforme la maintient et la généralise. Il pourra être convenu que le bien immobilier deviendra propriété du créancier en cas de défaillance, à condition que les contractants soient des commerçants (immatriculés au RCCM) et que l'immeuble ne soit pas à

---

[115] Wiederkher, Pactes commissoires et sûretés conventionnelles, Mélanges Jauffret, p.663.
[116] Cabrillac et Mouly, Droit des sûretés, Litec, 1991, n°524
[117] A. Segall, La réalisation amiable du gage, Th. Paris 1936, p.62
[118] Wiederkher, op.cit., p.663.
[119] Bordeaux, 27 avril 1885, D.1886, 2, 263.
[120] Laurent Aynes, rapport de synthèse, le droit des sûretés à l'épreuve des réformes, p. 131

usage d'habitation. Pour le gage, l'AUS prévoit la possibilité de l'attribution conventionnelle du bien[121].

Les risques inhérents au pacte commissoire sont pris en compte au travers de dispositions qui diffèrent selon que le débiteur est un particulier ou un professionnel. Lorsque le débiteur est un particulier, la valeur du bien doit être connue avec exactitude pour éviter les risques de spoliation ; le pacte commissoire n'est admis que si le bien est une somme d'argent ou un bien dont la valeur fait l'objet d'une cotation officielle. Lorsque le débiteur est un professionnel, le pacte commissoire est admis quelle que soit la nature des biens gagés mais une estimation par expert est prévue obligatoirement au jour du transfert. Le pacte commissoire en matière de nantissement est plus aisé du fait de la nature incorporelle des biens.

24-S'agissant de l'attribution judiciaire du bien objet de la sûreté, la réalisation judiciaire des sûretés est la voie habituelle même si elle n'est pas un mode spécifique de réalisation des sûretés réelles. En effet, « en recourant à la vente forcée, le créancier n'utilise pas une prérogative inhérente à la sûreté réelle, mais une prérogative inhérente à la créance, qu'elle soit assortie ou non d'une cause de préférence ou qu'elle soit chirographaire [122]». Elle présente tout de même une particularité lorsqu'elle porte sur des biens assiette d'un gage avec dépossession. Dans cette hypothèse, la saisie n'est pas un préalable nécessaire. Dans les autres cas nantissements et hypothèques, l'AUS exige, dans sa version initiale, un titre exécutoire avant de faire vendre le bien huit (8) jours après une mise en demeure restée sans suite. Le droit OHADA ne distinguait pas, comme en droit français, entre le gage civil et le gage commercial. On sait que dans ce dernier cas, une simple signification suffit pour procéder à la vente. Désormais, une décision de justice ne devrait plus être requise pour se faire attribuer un bien mobilier ou immobilier. La faculté d'attribution du bien gagé est toutefois soumise à une expertise destinée à en déterminer la valeur sauf si le bien fait l'objet d'une cotation sur un marché.

B. Les mécanismes spécifiques

Il s'agit de la reconnaissance des situations d'exclusivité, de l'agent des sûretés, ainsi que des nouvelles formes de nantissement.

---

[121] Art 104 al.3.

[122] Cabrillac et Mouly, Droit des sûretés, Litec, 7è éd. 2004, n°905.

1° La reconnaissance des situations d'exclusivité : propriété-sûretés et droit de rétention

25- Elle s'apparente à un retour aux règles originelles des sûretés réelles, en même temps qu'elle est d'une grande actualité. En effet, en droit romain, l'aliénation fiduciaire, *fiducia cum creditore*, transférait au créancier la propriété d'un bien appartenant au débiteur, à charge pour lui de le restituer une fois la dette éteinte. Elle dépossédait le constituant de son bien et épuisait dans une seule opération toute sa capacité de crédit sur le bien. Mais à cause de ce caractère fruste, le mécanisme a évolué vers une abstraction progressive des sûretés détachées du bien[123], vers les démembrements du droit de propriété, car en effet, disait-on, « pourquoi concéder à un tiers un droit plus étendu qu'il n'est nécessaire [124]?». L'aliénation fiduciaire fut donc abandonnée au profit de mécanismes plus élaborés tels que l'hypothèque et le gage. La tentative ultérieure de la pratique pour faire renaitre la sûreté réelle fondée sur le droit de propriété n'a pas facilement prospéré car elle était contraire à la prohibition du pacte commissoire et la règle du *numerus clausus*. En effet, adopter la propriété-sûreté rendait la protection du débiteur sans objet, car en cas de défaillance, le créancier pourrait conserver les biens sans contrôle du juge. La consécration de la sûreté ayant pour assiette le droit de propriété allait également à l'encontre du *numerus clausus* : les droits réels accessoires étant limitativement prévus, il ne serait pas possible d'adjoindre une nouvelle sûreté.

26- L'AUS révisé rejoint les législations qui reconnaissent la propriété-sûreté et les situations d'exclusivité du créancier comme un atout de l'attractivité économique du droit[125] : en droit français, l'ordonnance du 23 mars 2006 relative aux sûretés et l'ordonnance du 30 janvier 2009 relative à la fiducie notamment, ont intégré dans le Code civil le droit de rétention et les propriété-sûretés à travers les transferts fiduciaires, la fiducie-sûreté et la propriété réservée à titre de garantie. Au plan international, la propriété-sûreté est préconisée dans divers instruments au nombre desquels le guide législatif de la CNUDCI sur les opérations garanties[126], la Convention

---

[123] Houin, L'évolution du droit des sûretés, RJC 1982, n° spécial, L'évolution des sûretés, p.3 ; P. Crocq, L'évolution des garanties du paiement : de la diversité à l'unité, Mélanges Mouly, t.2 p.317

[124] Cette interrogation est empruntée à R. Demogue, in Semaine Internationale du droit, Sirey 1937, cité par Cl. Witz, in synthèse du colloque Spécial fiducie, Rev. de droit bancaire et de bourse 1990, n°19.

[125] P. Dupichot, L'efficience économique des sûretés réelles, Petites affiches 16 avril 2010, n°76, p. 14

[126] La Commission des Nations unies pour le droit du commerce international a adopté en 2007 un guide législatif sur les opérations garanties. Cf. L'apport du guide législatif de la CNUCI à la réforme du droit des sûretés, Colloque de l'Université d'Auvergne, Banque et Droit, n°97, septembre-octobre 2004 p.26.

UNIDROIT relative aux garanties internationales portant sur des matériels d'équipement mobiles[127] et la Convention des Nations Unies sur les cessions de créances.

La reconnaissance des situations d'exclusivité rend désuet le débat sur la nature juridique du droit de rétention. On sait que la jurisprudence française lui a refusé la qualification de sûreté [128] et que la doctrine ne reconnaissait pas dans son mécanisme les principes communs des sûretés réelles, car d'une part, sa fonction de garantie est souvent accidentelle et d'autre part, sa transmissibilité automatique en même temps que la créance garantie ne peut être affirmée en toutes circonstances[129]. La réforme lui donne une consécration légale en l'insérant dans le numerus clausus.

L'exclusivisme de la propriété-sûreté rassure le créancier en le mettant à l'abri du concours et, peu lui importe qu'il s'agisse d'une tendance régressive du droit contemporain[130]. En cas de défaillance du débiteur, il dispose du droit de recouvrer la libre disposition du bien dont il est propriétaire à titre de garantie[131]. Surtout, cette situation d'exclusivité est accordée au créancier car le législateur considère qu'elle a pour lui plus de valeur que la défense d'une technique[132].

2°L'agent des sûretés et le crédit syndiqué

27- Dans le cadre d'une syndication de crédit, le débiteur est obligé envers une pluralité de créanciers titulaires chacun d'une quote-part de la créance. Le pool bancaire est en effet un groupement sans personnalité morale d'établissements de crédit organisé en vue du financement d'un client ou d'une opération[133]. La pratique s'est donc développée de confier à une entité spécifique désignée « agent des sûretés » le soin de constituer les sûretés, et, le cas échéant, de les gérer ou réaliser. La mission de l'agent des sûretés, le chef de file du pool, est protégée dans l'intérêt du groupe par la séparation du patrimoine géré par l'agent des sûretés avec son patrimoine

---

[127] Convention UNIDROIT relative aux garanties internationales portant sur des matériels d'équipement mobiles,
(Le Cap 2001).Voir http://www.unidroit.org. RCC CUMING.

[128] Cass. Civ. 20 mai 1997, Bull civ IV, 141 ; RTD civ 1997, 707, P. Crocq. D. 1998, Som, p. 102, Piedelièvre, Defrénois 1997, p. 1427, L. Aynès.

[129] F. Pérochon, Le droit de rétention, accessoire de la créance, Mélanges Cabrillac, Litec 1999, p.379.

[130] B. Oppetit : Les tendances régressives dans l'évolution du droit contemporain, Mélanges Holleaux, Litec 1990, p 323 et suiv.

[131] P. Crocq, La réforme des sûretés mobilières, in Le droit des sûretés à l'épreuve des réformes op.cit. p.58.

[132] L'efficacité économique du droit se mesure à l'aune de ceux pour qui une disposition présente le plus de valeur.

[133] Lamy Droit du financement, n° 2808, p. 1396.

propre[134]. La sûreté constituée dans le cadre d'un crédit syndiqué a fait l'objet d'une grande sollicitude de la part des rédacteurs de la réforme de l'AUS.

Aux termes du nouvel article 5 ainsi rédigé : « Toute sûreté ou autre garantie de l'exécution d'une obligation peut être constituée, inscrite gérée et réalisée par une institution financière ou un établissement de crédit, national ou étranger, agissant en son nom ou en qualité d'agent de sûreté, au profit des créanciers, de la ou des obligations garanties l'ayant désignée à cette fin ».

28- Au-delà de l'intérêt que ce consortium présente pour les investisseurs, son organisation par l'AUS appelle deux axes de réflexion : les rédacteurs ont à l'évidence, créé une institution qui ne servira pas les intérêts de la foule des demandeurs de crédit. Cela aurait pu être une critique s'ils n'avaient pas en vue l'objectif d'attractivité économique : attirer les entreprises, les activités nouvelles sur un territoire à travers des dispositions qui tiennent compte des intérêts individuels ou sectoriels. Le droit est dans son rôle et ne perd pas son caractère général en prenant des dispositions positivement discriminatoires[135]. Bien de règles de droit sont édictées en faveur de catégories de personnes (les époux, la femme enceinte, les locataires) pour ne citer que ces exemples. L'institution de l'agent des sûretés en faveur du crédit syndiqué participe de la même démarche.

L'autre aspect de la réflexion est relatif à l'opportunité de l'agent des sûretés. Transposition du security trustee américain, l'agent des sûretés est une concession faite à l'intégration dans les droits de source anglo-saxon[136]. On aurait préféré voir plus de nouveaux mécanismes favorisant aussi bien le crédit aux ménages que le crédit aux petits exploitants. Mais cela n'était pas à l'évidence un facteur d'attractivité économique du droit OHADA des sûretés réelles.

---

[134] Lorsque la syndication est dite en risque, la banque chef de file transfère aux banques sous participantes tout ou partie du risque lié au crédit. Les banques seront alors dans l'obligation, en cas de défaillance de l'emprunteur, de verser à la banque chef de file le pourcentage convenu de sommes dues et non remboursées à l'échéance par l'emprunteur.

[135] La discrimination positive correspond à l'ensemble des mesures destinées à permettre le rattrapage de certaines inégalités en favorisant un groupe ethnique ou racial par rapport aux autres, quitte à transgresser de façon plus ou moins temporaire le premier article de la déclaration des droits de l'Homme: « Tous les Hommes naissent et demeurent libres et égaux en droit ». En droit français, il existe des mesures de discrimination positive mais les critères ne sont jamais l'appartenance religieuse ou ethnique ; ce sont uniquement des critères territoriaux ou socio-économiques.

[136] Présentation du contexte du rapport de la réforme de l'AUS. [136] M. Issa-Sayegh, « Peut-on perfectionner le système sans aller vers la common law ? » in Le modèle juridique français : un obstacle au développement économique ? coll. « thèmes et commentaires », Dalloz 2005, p.127 et suiv.

3° Les nouvelles formes de nantissement

29- Elles sont diverses quoique limitativement énumérées. Il est introduit trois nouveaux nantissements portant sur le compte bancaire, le compte d'instruments financiers et le nantissement des droits de propriété intellectuelle qui viennent s'ajouter aux sûretés portant sur les créances, le fonds de commerce et les droits d'associés. Avec la réforme, l'ensemble de ces sûretés sont soumises à une nouvelle classification sous la dénomination de « *nantissement* ». On note que le nantissement de créance, précédemment appelé « gage de créance », seule sûreté sur bien incorporel qui n'était pas réglementé avec les nantissements est introduite dans le chapitre relatif aux nantissements[137].

30- Ce qui importe surtout de relever à l'occasion de l'institution des nantissements, c'est le formalisme qui les caractérise. Pour tous les nantissements, la validité est soumise à l'exigence de l'écrit afin d'identifier les biens incorporels concernés. Avec la publicité à peine d'inopposabilité, les règles de constitution du nantissement créent des actes formalistes et solennels dans l'AUS révisé.

Actes formalistes d'abord, car, « là où l'accord des volontés est impuissant à atteindre le but fixé par le contrat, là est le propre du formalisme[138], ». Dans les actes formalistes, la volonté ne produit les effets de droit recherché que si elle se manifeste selon la forme exigée par la loi[139]. La forme dans les actes formalistes devient comme une cinquième condition essentielle de la validité du contrat avec ceux qu'énumère l'article 1108 du Code civil[140]. Actes solennels ensuite car, dérogeant au principe *solo consensu*, la forme de la manifestation de la volonté n'est pas libre mais imposée. En effet, une forme est solennelle dès lors qu'elle est imposée à la manifestation de la volonté en vue de cette manifestation et de son extériorisation[141]. C'est le cas lorsque l'acte est soumis à l'exigence de l'écrit qu'il soit authentique ou sous seing privé[142]. Le formalisme est l'un des aspects souvent occulté de l'AUS car on pense à tort qu'il s'agit de la survivance d'un droit archaïque alors qu'il s'inscrit résolument dans la modernité.

---

[137] O. Fille-Lambie et A. Marceau-Cotte, Les sûretés sur les meubles incorporels : le nouveau nantissement de l'Acte uniforme sur les sûretés, Revue Droit et Patrimoine, numéro spécial n°197, nov. 2010, p. 72.

[138] In Quelques remarques sur l'évolution du formalisme, Mélanges Ripert, 1955, T1, p.113.

[139] Marie-Antoinette Guerriero, L'acte juridique solennel, op.cit. p. 157 et suiv.

[140] Carbonnier, Droit civil, Les biens, Les Obligations, Puf, 2004 n°41

[141] F. Terré, Ph. Simler et Yves Lequette, Droit civil, Les Obligations, Dalloz, 9è éd. 2006, n°137.

[142] Marie-Antoinette Guerriero, L'acte juridique solennel, op.cit. p. 157 et suiv

En somme, peu de thèmes en droit OHADA apparaissent autant d'actualité que celui de l'attractivité économique du droit des sûretés réelles. La réforme récente de l'Acte uniforme qui les régit, a redessiné les contours d'un nouveau droit des sûretés dont il convenait de dire les grandes orientations et surtout la place dans la compétitivité des droits.

A cet égard, les rédacteurs de l'AUS révisé ont traduit la volonté des États de promouvoir et de protéger l'investissement et partant, de rendre attractif leur droit commun des affaires.

Ils ont d'abord élaboré *un corpus* présentant les diverses manières de faire sortir un créancier du lot peu enviable des chirographaires, autour d'une nouvelle définition de la sûreté réelle[143] . Désormais la sûreté réelle donne au créancier qui en est le bénéficiaire, aussi bien le droit de préférence que le droit de retenir le bien, et aussi le droit de le revendiquer comme propriétaire.

La sûreté est revenue à son origine, la propriété –sûreté, adoptée par la réforme pour tenir compte de la pratique qui avait intégré ces mécanismes et être en phase avec l'évolution de la matière au plan international. La règle de spécialité a été aménagée sans pour autant tomber dans le security interest, sûreté unique et polyvalente ou le *floating charge* qui grève l'ensemble des actifs du débiteur, se cristallise sur les actifs existants, les rend indisponibles pour le constituant, et ne devient *fixed char*ge qu'en cas de défaillance.

Les aménagements conventionnels sont organisés pour la réalisation des sûretés. A l'évidence, on est loin des raisons qui avaient justifié leur prohibition : un créancier qui exploite la misère du débiteur.

Par ailleurs, l'analyse des règles de constitution des sûretés réelles OHADA rend compte du formalisme qui les caractérise. L'écrit est exigé à peine de nullité pour les nantissements qui sont des suretés sans dépossession sur meubles incorporels, la généralisation de la publicité à peine d'inopposabilité pour l'inscription au RCCM pour les gages, ou la publicité à peine d'inefficacité s'agissant de la publicité hypothécaire.

En maintenant des règles de fond et de forme strictes, dans un texte qui se veut moderne et attractif, l'OHADA s'inscrit dans une conception du formalisme dont la renaissance avait été annoncée[144]. En effet « la société peut avoir intérêt à exiger une certaine extériorisation des contrats, parce que leur immatérialité les rendrait insaisissables à son contrôle et à sa mémoire », ou encore qu' «un contrat dont les effets sont opposables aux tiers doit être régi par des règles qui dépassent l'autonomie de la volonté[145] ».

---

[143] La formule est empruntée à L. Aynes, in Présentation générale de la réforme du droit des sûretés, D.2006, p.1289 qui exprimait le rêve de voir ce corpus en droit français.

[144]Moeneclay, La renaissance du formalisme dans les contrats, Thèse Lille, 1914

[145] Hamel, in *Le gage commercial,* ouvrage collectif, *p. 2.*

L'Acte uniforme révisé s'inscrit ainsi dans une démarche autre que celle imposée dans les Rapports *Doing business*, et dans les législations[146] qui considèrent que « les règles de fond et de forme, soit à cause de leur coût ou des délais qu'elles impliquent, soit à cause des restrictions qu'elles imposent, constituent des obstacles à l'efficacité. Aussi croit-on devoir s'employer à en atténuer la rigueur, à les mettre de côté ou à leur trouver des substituts plus flexibles[147] ».

A la question de savoir quel droit des sûretés réelles pour l'OHADA, le chercheur, à la lumière des objectifs de la réforme relève que les rédacteurs de la réforme ont élaboré un droit à la fois accessible pour répondre au souci de sécurité, et orienté vers la protection de ceux pour qui il présente le plus de valeur, dans l'optique de l'efficacité économique. Au moment où l'injonction vient de partout et de très haut [148]appelant les juristes à se convertir au *Law and Economics*, la réforme a montré que le droit OHADA sans renier sa source, pouvait choisir un modèle autre que le standard prôné par Doing business.

---

[146] Cf. Journées portugaises 1996 de l'Association Henri Capitant sur le thème : « Problèmes actuels des sûretés réelles » spécialement, le Rapport général par Jacques Auger : thémis@droit.unmontrel.ca.

[147] Journées Portugaises, *ibidem*

66 A.-M. Patault, Introduction historique au droit des biens, PUF, Coll. Droit fondamental

[148] De la Banque mondiale (Doing business), de la Cour de cassation française (à travers les écrits de son Premier président Guy Canivet) ou de la Chaire régulation de Sciences Po (Mme le Professeur Marie-Anne Frison-Roche). Cf Alain Bernard, *Law and Economics*, une science idiote ? Revue de droit Henri Capitant, Octobre 2010, n°1

CHRONIQUE OHADA

ENTREPRENDRE AVEC L'OHADA

Par **Carmen FÉVILIYÉ**
Juriste

I. Les formes juridiques de société

Beaucoup d'investisseurs désirant créer une société dans l'espace OHADA (Organisation pour l'harmonisation en Afrique du droit des affaires) hésitent sur la forme juridique qu'il convient de lui donner. Société à responsabilité limitée (SARL), société anonyme (SA), société en nom collectif (SNC), société en commandite simple (SCS), groupement d'intérêt économique (GIE), ces appellations sont souvent mystérieuses, inaccessibles.

Cette incompréhension ne facilite pas les démarches et, faute de connaissances, beaucoup de projets sont abandonnés. Posons-nous alors cette question : quels types de société les opérateurs économiques peuvent ils mettre en place au Congo et dans les seize autres pays de l'espace OHADA pour concrétiser leurs projets ?

La réponse figure dans les Actes uniformes de l'OHADA qui présentent les cinq formes de société citées. Par conséquent, le porteur de projet et l'opérateur économique déjà installé doivent se plier à ces règles, même s'ils ont l'État pour partenaire. Les méconnaître entraînerait, en effet, la dissolution de la société.

N'ayant pas la prétention de dispenser un cours sur les sociétés commerciales et notre objectif étant d'inciter à l'investissement et à une connaissance élémentaire des règles, nous limiterons cette chronique aux deux formes de société les plus rencontrées dans l'environnement économique : la SARL et la SA.

Avant tout, qu'est-ce qu'une société commerciale ?

La société commerciale est l'entité née de la signature d'un contrat de société entre deux ou plusieurs personnes physiques ou morales.

L'activité principale de ce contrat consiste à faire des bénéfices au profit des partenaires qui subissent aussi les éventuelles pertes financières. Il existe également la possibilité de se constituer «associé unique» et de créer une société sans partenaires, à condition de formaliser l'activité par un acte écrit. Il convient de relever que toute personne peut se lancer dans cette aventure, sauf les conjoints (dans les cas d'une SNC ou d'une SCS), les mineurs, les personnes dont les facultés mentales sont défaillantes, celles qui ont fait l'objet d'interdictions ou d'incompatibilités.

La société à responsabilité limitée (SARL)

Elle est la forme la plus répandue dans le monde. C'est la société dans laquelle la responsabilité des associés face aux dettes sociales se limite au montant de leurs apports. Elle reste la structure idéale pour constituer une PME et son gérant n'est pas soumis à l'obligation de posséder la carte de commerçant.

En bref, voici quelques points qui peuvent guider dans le choix de la SARL :

-c'est une société à une ou plusieurs personnes dont le capital social minimum d'un million de FCFA est divisé en parts sociales de cinq mille FCFA. Interdiction est faite de céder les parts sociales, sauf accord des autres associés ;

-elle se constitue en considération de la personne et peut être transformée en une société anonyme.

Sur le plan fiscal, elle est soumise à l'impôt sur les sociétés et les statuts doivent être enregistrés auprès de l'administration fiscale.

La société anonyme (SA)

La SA est la société dans laquelle les partenaires, appelés «actionnaires», ne supportent les dettes sociales qu'à concurrence de leurs apports et dont les droits sont représentés par des actions. La SA est une société de capitaux qui permet de mettre en place de grandes entités économiques avec un capital minimum de dix millions de FCFA, divisé en actions de dix mille F Cfa.

La possibilité d'être actionnaire unique reste de mise en créant une «SA unipersonnelle» administrée par un administrateur général cumulant, à lui seul, tous les pouvoirs.

La SA est une société hiérarchisée, formalisée, dont la gestion est contrôlée par les commissaires aux comptes et dont les organes dirigeants se partagent le pouvoir. Elle émet des valeurs mobilières (titres financiers, actions et obligations) susceptibles d'être cotées en bourse. La SA ne peut être transformée en SARL et, comme elle, elle reste soumise à l'impôt sur les sociétés et aux droits d'enregistrement des documents constitutifs.

II. Les formalités de constitution d'une société et le statut de groupement d'intérêt économique

Le droit OHADA a prévu deux formalités majeures de constitution d'une société et a mis en place le groupement d'intérêt économique (GIE), une nouveauté dans l'environnement économique de l'Afrique subsaharienne.

Le commerçant (personne physique ou morale) doit se faire immatriculer au registre du commerce et du crédit mobilier (RCCM) et publier son activité dans un journal local, ces deux démarches ayant un impact dans les affaires : elles permettent aux entreprises non seulement de s'informer mutuellement sur leur situation juridique et financière, mais aussi de placer des garanties juridiques.

Les « tiers » (toute personne étrangère au contrat de société, comme l'administration, les clients, les fournisseurs...) doivent être informés de chaque événement, comme l'augmentation de capital, le changement de dirigeants ou de siège social, et pouvoir obtenir à toutes fins utiles copie ou communication des pièces déposées.

L'immatriculation au RCCM

Cette formalité s'effectue au greffe du tribunal de commerce du lieu du siège social. À Brazzaville, ce bureau se situe au tribunal de grande instance, au centre-ville, près de la maison d'arrêt.

Dès le premier mois d'exploitation, le commerçant, personne physique ou morale, doit procéder à son immatriculation. L'opération a pour principal effet de procurer à la société la « personnalité morale » qui précise la capacité juridique.

Le manquement à cette obligation entraîne une sanction civile, voire pénale, à laquelle s'ajoute « l'inopposabilité aux tiers » des faits et actes à mentionner. Ce qui veut dire que ces faits et actes ne créeront pas d'effets juridiques opposables aux personnes étrangères à l'activité. Le numéro d'immatriculation affecté à la société doit obligatoirement figurer sur tous les documents commerciaux.

Le RCCM est un répertoire de données sur le commerçant, la société et ses dirigeants, ainsi que les succursales de sociétés étrangères installées au Congo. Ces renseignements concernent, entre autres, les inscriptions de garanties financières, la réserve de propriété, les mentions modificatives, les procédures individuelles de faillite, les procédures collectives relatives aux difficultés des entreprises, les sanctions patrimoniales prononcées contre les dirigeants sociaux. Le commerçant peut aussi effectuer tout dépôt d'actes de fonctionnement de la société, tels les procès verbaux.

Grâce à la tenue du RCCM dans l'espace OHADA, un fichier a été élaboré au niveau régional pour centraliser les renseignements émanant des pays membres. Ainsi, le juge peut exercer un contrôle sur la régularité de la société, ce qui permet de sécuriser les archives de la société et les reconstituer en cas de perte ou de destruction.

La publicité légale

Cette formalité nécessite de se faire représenter par un notaire ou un conseil juridique. Il s'agit de rédiger un texte qui doit contenir certaines mentions et de l'insérer dans un journal local habilité à recevoir des annonces légales. L'inobservation de cette démarche n'affecte pas la validité de la société, mais une régularisation doit être faite par son représentant légal (notaire ou conseil). À Brazzaville, les principaux journaux qui reçoivent ces annonces sont *le Journal officiel, Les Dépêches de Brazzaville, La Semaine africaine.*

Le groupement d'intérêt économique

Les contraintes à respecter : l'immatriculation au RCCM et l'information des tiers sur la nature du groupement. Des avantages : deux ou plusieurs individus ou entreprises peuvent se mettre en GIE et développer accessoirement une activité civile, artisanale ou agricole ; le GIE permet de faciliter ou développer la principale activité économique de ses membres, en créant par exemple une cantine, un secrétariat, un service informatique, ou en organisant une manifestation commerciale. Vous pouvez vous lancer sans capital. Néanmoins, les membres doivent répondre des dettes du groupement sur leur patrimoine propre.

III. Société de fait et les aides au financement

Comment reconnaît-on la société de fait ?

Les textes de l'OHADA donnent des indices pour reconnaître une telle société et contracter en connaissance de cause :

-c'est une entreprise informelle qui n'existe pas légalement ;

-elle n'est pas immatriculée au registre du commerce et du crédit mobilier (RCCM) et n'a pas de personnalité morale ;

-elle est constituée de personnes qui n'ont pas entrepris les démarches nécessaires à la constitution d'une société, mais réalisent des bénéfices.

Cette réalité est rencontrée le plus souvent dans les affaires montées en famille, en couple ou entre entreprises qui se regroupent momentanément.

Que faire en cas de litige avec une société de fait ?

En cas de litige avec une société de fait, comment les tiers (fournisseurs, clients et autres partenaires) peuvent-ils faire valoir leurs droits ?

La difficulté consiste à apporter la preuve de l'existence de la société, cette démarche étant difficile pour les associés eux-mêmes qui ignorent le plus souvent qu'ils sont en société. Quelle preuve apporter puisque la société n'est pas supposée exister ?

La loi OHADA a prévu que quiconque y ayant un intérêt peut demander au tribunal la reconnaissance de la société de fait en apportant les preuves par tout moyen (factures, bons de commande, décharges, régularité des transactions...) de l'existence d'une dénomination sociale et de l'intention des partenaires de s'associer et de réaliser des bénéfices. Le juge établira alors l'existence de la société de fait et prendra des mesures conservatoires collectives sur le patrimoine propre des associés qui paieront solidairement la dette.

IV. Le bail commercial

La plupart des opérateurs du secteur économique ne sont pas propriétaires des locaux dans lesquels ils exercent : les entreprises d'import-export, les cybercafés, les cabinets de professions libérales, les commerces de détail et divers prestataires de services, par exemple, doivent louer un local pour exercer leur activité. L'OHADA a prévu des mécanismes pour protéger le locataire d'un local commercial, sommairement décrits ci-dessous.

Le contenu du contrat de bail commercial

C'est le contrat écrit ou verbal entre le propriétaire (le bailleur) d'un immeuble et une personne physique ou morale (le preneur) qui veut exploiter dans ce lieu, pour une durée déterminée ou indéterminée, toute activité commerciale, industrielle, artisanale ou professionnelle. La pratique révèle qu'au Congo le bail est généralement verbal et réputé avoir une durée indéterminée. Notons que le contrat de bail doit indiquer les conditions de son renouvellement, le montant du loyer, les obligations des parties, la cession et la sous-location des locaux loués ainsi que sa résiliation.

Le preneur bénéficie d'un droit au renouvellement du bail et d'une indemnité d'éviction, le bailleur d'une indemnité d'occupation

L'indemnité d'éviction est le montant versé par le propriétaire à son locataire en contrepartie de son refus de renouvellement du bail. Pour bénéficier de ce droit, le locataire doit justifier avoir exploité son activité pendant une durée minimale de deux ans et formuler une demande écrite de renouvellement de bail trois mois avant son expiration. Même lorsque le propriétaire reconstruit différemment les locaux sans reconduire le bail, le preneur percevra cette indemnité. En cas de désaccord sur la détermination du montant de cette indemnité, le juge interviendra pour le fixer. Toutefois, le locataire ne pourra prétendre à cette indemnité si le bailleur justifie son refus de renouvellement de bail par un motif grave et légitime, envisage de démolir l'immeuble loué pour le reconstruire, refuse le renouvellement du bail sur les locaux accessoires, à charge pour le preneur d'établir un trouble grave à la jouissance des locaux principaux.

Quant au bailleur, la loi lui accorde une indemnité d'occupation versée par le preneur lorsqu'à l'expiration du bail, et plus s'il s'est maintenu dans les lieux sans l'accord du bailleur.

Vous êtes locataire ou bailleur, quelles sont vos obligations ?

Le bailleur doit délivrer les locaux en bon état et faire procéder à ses frais à toutes les grosses réparations nécessaires et urgentes, comme les murs de clôture, les fosses septiques et les puisards. Le montant du loyer est alors diminué en proportion du temps et de l'usage pendant lequel le preneur a été privé de l'usage des locaux. En cas de refus par le bailleur d'assumer les grosses réparations, le preneur peut se faire autoriser par le tribunal à les exécuter pour le compte du bailleur. Le bailleur engage sa responsabilité envers le preneur du trouble de jouissance que lui ou ses proches occasionnent.

Pour sa part, le preneur doit payer le montant du loyer, effectuer les réparations d'entretien, répondre des dégradations et pertes dues à un défaut d'entretien au cours du bail. N'oublions pas de mentionner que la sous-location d'une partie ou de la totalité des locaux loués est interdite. Autorisée, elle doit être portée à la connaissance du bailleur.

La résiliation du bail commercial doit être prononcée par jugement

Le contrat se rompt seulement par acte judiciaire, lorsque le preneur ne paie pas le loyer ou s'il n'a pas exécuté une clause du bail et si les réparations faites par le bailleur rendent impossible la jouissance des locaux. À la demande du bailleur, celui-ci doit au préalable adresser au preneur une mise en demeure d'avoir à respecter les clauses et conditions du bail avant de saisir le juge. L'expulsion du locataire n'interviendra qu'après une décision de justice. Pour ce qui est du bail à durée indéterminée, toute personne qui souhaiterait le rompre doit en faire la demande par acte signifié par huissier de justice au moins six mois à l'avance.

V. Les garanties de financement

Les garanties de financement apportent aux acteurs économiques et financiers de nouveaux instruments propres à sécuriser l'octroi du crédit. Par garanties de financement, nous entendons le plus souvent les mécanismes qui protègent le créancier (dispensateur de crédit) contre l'insolvabilité du débiteur (l'emprunteur). Ainsi en est-il de la sûreté, une mesure de précaution prise pour garantir l'exécution du rapport d'obligation entre le créancier et son débiteur. L'octroi d'un crédit dépendant de la confiance du banquier dans les facultés de remboursement de son client, les sûretés sont essentielles pour assurer cette sécurité recherchée par le banquier lors d'un prêt, qui ne devient possible que lorsque le client lui apporte des garanties financières.

Guy-Auguste Likillimba, Avocat au Barreau de Paris, *Maître de Conférences à l'Université de Rennes 1,* nous éclaire sur le sujet.

Qu'est-ce qu'une garantie de financement ? Qui peut la demander ? Qui peut l'octroyer ?

Une garantie de financement est une précaution qu'un créancier prend pour se prémunir contre le risque de non-respect par un débiteur de ses engagements contractuels. Un organisme de financement n'accepte, en principe, de répondre favorablement à une demande de prêt qu'en fonction, notamment, de l'efficacité des garanties que peut lui fournir le futur emprunteur.

Les garanties de financement prévues par l'OHADA

Le droit OHADA organise les garanties de financement en plusieurs catégories :

- -le cautionnement,
- -la lettre de garantie,
- -le droit de rétention,
- -le gage,
- -le nantissement,
- -les privilèges généraux et spéciaux.

Les garanties de financement sont des sûretés personnelles et sûretés réelles, mobilières et immobilières. Les principales sûretés personnelles sont le cautionnement et la lettre de garantie, celle-ci correspondant aux sûretés pratiquées dans les financements internationaux.

Concrètement, un chef d'entreprise qui donne une sûreté personnelle à une banque doit savoir qu'en cas de non-respect de ses engagements, la banque pourra faire procéder à des saisies sur l'ensemble de ses biens personnels.

En revanche, si le même chef d'entreprise donne au banquier une sûreté réelle, en cas d'insolvabilité de l'entreprise seul le bien objet de la sûreté pourra être saisi par ce créancier. Par exemple, si la sûreté réelle porte sur un bien immobilier (terrain bâti ou non, appartement, maison...) ou sur un bien mobilier (véhicule automobile, stocks de marchandise, produits d'exploitation agricole ou industrielle, créances, parts sociales ou actions...), les saisies pratiquées à la demande du banquier non payé ne pourront porter que sur ces biens. Le législateur OHADA a, toutefois, décidé que toutes les sûretés mobilières précitées étaient des garanties sans dépossession, en ce sens que la personne qui les constitue ne peut en être « dépouillée ».

Il arrive que l'organisme de financement exige de l'entreprise emprunteuse un « cautionnement réel», constitué à la fois d'une sûreté personnelle et d'une sûreté réelle, que le gérant ou une autre personne intervenant pour le compte de l'entreprise débitrice doit fournir. En cas d'inexécution de ses engagements financiers par l'entreprise envers la banque, le gérant, ou toute autre personne qui se serait portée caution réelle, ne pourra être inquiété que sur le seul bien affecté en garantie.

Les garanties de financement exclues du champ d'application de l'OHADA sont les sûretés en matière fluviale, maritime, aérienne, et celles relatives à la propriété intellectuelle. Il s'agit du :

-connaissement (document constatant un état de marchandises chargées par une entreprise d'import-export sur un navire),

-récépissé de transport ou de douane.

Ces garanties restent soumises à des conventions internationales spécifiques. D'autres garanties de financement existent, que l'OHADA n'a pas définies et dont l'organisation et l'initiative sont laissées aux États membres.

En principe, toutes les sûretés réelles doivent être publiées

La formalité de publicité assure la sécurité du crédit. Il s'agit de les porter à la connaissance des créanciers qui mesureront ainsi le degré d'endettement du débiteur. Hormis les sûretés personnelles ne portant pas atteinte à la solvabilité du garanti, toutes les sûretés réelles immobilières et quelques sûretés mobilières, doivent être publiées au livre foncier et au registre du commerce et du crédit mobilier (RCCM).

VI. Le contrat de vente commerciale

La vente est l'acte juridique le plus souscrit par les personnes physiques et morales, commerçantes ou non. Qu'est-ce que le contrat de vente commerciale ?

C'est un accord, écrit ou verbal, par lequel une personne, dite « le vendeur », transfère la propriété d'un bien ou d'un service à usage commercial à une autre personne, dite « l'acheteur », qui a l'obligation d'en payer le prix. Nous limiterons notre propos à la vente de marchandises entre commerçants, telle que l'a circonscrite le législateur OHADA, en décrivant la formation du contrat, les obligations des parties, et les effets de la vente entre commerçants.

Les conditions de validité du contrat de vente commerciale

La vente se forme lorsque les parties s'accordent sur l'objet du contrat, c'est-à-dire la chose ou le service et son prix. Avant tout, rappelons que certaines marchandises sont soit interdites à la vente (corps humain, organes, produits dangereux, biens appartenant à autrui, etc.), soit réglementées (médicaments, armes, tabac, électricité...).

Quant au prix, il doit être librement fixé. Précis, il doit suivre l'indice général des prix et s'accorder à la valeur de la chose vendue, ce qui interdit, par conséquent, la vente à la tête du client. Enfin, le prix convenu doit rester inchangé jusqu'à la livraison.

Notons que le consentement de l'acheteur doit être donné librement, sans violence, tromperie ou manœuvres susceptibles de l'induire en erreur. Encore faut-il que la cause du contrat de vente soit licite et que les contractants (vendeur et acheteur) jouissent de la capacité juridique.

Selon les usages reconnus entre commerçants, le contrat de vente se forme lorsque l'offre du vendeur est acceptée par l'acheteur. Nous pouvons définir l'offre comme l'expression de la volonté du vendeur qui indique les conditions auxquelles il propose de s'engager. L'offre doit être ferme et précise. Le juge confirme cette qualité lorsqu'elle est suffisamment précise et indique la volonté de son auteur d'être lié en cas d'acceptation. En outre, cette offre ne produit d'effet que si elle parvient à son destinataire, sauf révocation. L'acceptation, par contre, intervient par le consentement de l'acheteur. Mais le silence ou l'inaction ne suppose pas cette acceptation, qui prend effet au moment où l'indication de l'acquiescement est parvenue au « pollicitant » (auteur de l'offre).

Obligations des parties et sanctions relatives à l'inexécution des obligations

Les obligations du vendeur sont la :
-délivrance de la marchandise dans les conditions prévues au contrat ;
-remise des documents s'y rapportant (généralement factures et documents détaillant la marchandise) ;
-livraison de la marchandise dans la quantité, la qualité, le conditionnement et l'emballage prévus dans le contrat.

À cela s'ajoutent :
-la garantie d'éviction, qui libère les marchandises de toute prétention d'un tiers ;
-la garantie légale contre les vices cachés (défauts non visibles qui rendent la chose impropre à son usage).

Les obligations pour l'acheteur sont de :
-payer le prix ;
-prendre livraison de la chose à l'endroit désigné dans le contrat (magasin, entrepôt...).

Le contrat de vente a pour principal effet de transférer la propriété de la chose vendue dès l'échange des consentements. Mais en insérant dans le contrat une clause de réserve de propriété, le vendeur se donne la garantie de conserver la marchandise lorsque l'acheteur n'a pas payé le prix.

En cas de problème, si une des parties n'exécute pas ses obligations, l'autre peut demander l'annulation de la vente.

Vis-à-vis du vendeur fautif, l'acheteur peut demander des dommages-intérêts et, en cas de vices cachés de la chose vendue, il peut demander son échange ou la restitution d'une partie du prix.

Pour sa part, le vendeur peut retarder la livraison de la chose ou faire saisir les biens de l'acheteur si ce dernier n'a pas payé le prix. Le délai à respecter pour agir en justice est de deux ans, au-delà desquels l'action n'est plus recevable.

VII. Le fonds de commerce

Les acteurs commerciaux affichent leur identité dans l'environnement économique par un ensemble d'informations les distinguant des magasins voisins et des concurrents.

Ces renseignements permettent également d'attirer ou de conserver une clientèle et contribuent à la constitution d'un « fonds de commerce ». L'entreprise doit alors posséder, selon les cas, les éléments entrant dans la définition du fonds de commerce. Cette exigence permet de protéger à la fois le vendeur et ses créanciers (fournisseurs, personnel, organismes étatiques dont le Trésor public, etc.), l'acquéreur et son banquier en cas de cession de l'entreprise.

Qu'est-ce qu'un fonds de commerce ? Comment l'exploiter ? Peut-on le céder et quelles sont les précautions à prendre pour bénéficier d'une protection légale ? Autant de questions pratiques auxquelles cette chronique tente d'apporter des réponses.

Qu'est-ce qu'un fonds de commerce ?

C'est un ensemble d'éléments inséparables : principalement la clientèle et l'enseigne ou le nom commercial, auxquels s'ajoutent installations, matériel, mobilier, marchandises en stock, licences d'exploitation, droit au bail, aménagements, mobilier, brevets d'invention, marques de fabrique et de commerce, dessins et modèles, et autres droits de propriété intellectuelle nécessaires à l'exploitation du fonds. Parmi ces éléments, la clientèle est essentielle, et le nom et l'enseigne sont les plus permanents. Le législateur OHADA considère le nom et la clientèle comme les éléments obligatoires du fonds de commerce. Les créances et dettes personnelles du commerçant n'entrent pas dans cette composition.

Comment exploiter durablement son fonds de commerce ?

Le fonds de commerce peut être exploité directement par le commerçant ou dans le cadre d'un contrat de location-gérance par lequel le propriétaire du fonds accepte de le louer à un gérant qui l'exploitera à ses risques et périls.

Ce locataire-gérant doit :

- publier le contrat dans les quinze jours de sa signature dans un journal habilité à recevoir des annonces légales (au Congo, Les Dépêches de Brazzaville et La Semaine africaine) ;
- s'immatriculer au registre du commerce et du crédit mobilier (RCCM) et porter la mention de location-gérance du fonds ;
- indiquer sa qualité de locataire-gérant en tête de ses bons de commande, factures et autres documents financiers ou commerciaux, sous peine de sanction pénale.

Pour sa part, le propriétaire du fonds ne peut concéder de location-gérance qu'à l'expiration de deux années d'activité comme commerçant ou gérant, directeur commercial ou technique d'une société.

La vente du fonds de commerce

Il nous paraît judicieux d'aborder la question des dettes éventuelles du propriétaire du fonds lorsqu'il consent à le céder. Il faut garder à l'esprit que l'acheteur du fonds de commerce et le vendeur sont solidairement responsables envers les tiers du paiement de ces dettes, fussent elles fiscales ! Ces dettes peuvent être déclarées immédiatement exigibles (réglées à échéance, sans délai) par le juge qui protège ainsi les créanciers du propriétaire, qui ont trois mois à partir de la date de publication du contrat de location-gérance pour introduire leur action en paiement. De plus, à l'expiration du contrat, toutes les dettes résultant de l'exploitation du fonds de commerce par le locataire-gérant deviennent exigibles.

La vente du fonds de commerce obéit aux règles générales de la vente commerciale, évoquées plus haut. La spécificité de la location-gérance tient au fait que :

- la vente peut porter sur tout ou quelques-uns des éléments qui le composent ;
- l'acte doit être déposé par les parties au RCCM en deux exemplaires certifiés conformes;
- la publication légale sous forme d'avis dans les quinze jours de la vente est à la diligence de l'acheteur.

Quelques précautions à prendre

Au moment de la signature du contrat, certaines mentions doivent impérativement figurer dans le document sous peine de graves ennuis : chiffre d'affaires, bénéfices, contrats de travail des salariés, conditions du bail, montant du loyer, renouvellement du bail (voir ci-dessus), etc. Pour cette raison, nous recommandons vivement de se rapprocher d'un conseil ou d'un notaire pour être guidé, et ainsi protéger ses intérêts en se mettant à l'abri des risques relatifs à la solidarité liant l'acheteur du fonds de commerce au paiement des dettes du vendeur. Surtout, s'abstenir de signer un document ou de verser une somme d'argent les yeux fermés.

VIII. N'est pas commerçant qui veut !

N'est pas considéré comme commerçant la personne qui décide un beau jour de tenir un étal de marchandises devant sa porte, de bâtir un kiosque à l'angle de sa parcelle, de louer une table au marché, de vendre à domicile ou au porte-à-porte... Cela paraît surprenant à certains, mais pratiquer le commerce ne se résume pas à la vente et à l'achat pour la revente comme nous l'imaginons habituellement. Créer une entreprise ne suffit pas non plus pour bénéficier de cette qualité.

Mais alors qui est véritablement commerçant ? Le droit OHADA répond : est commerçant celui qui accomplit des actes de commerce et en fait sa profession habituelle. Deux conditions auxquelles toute personne supposée pratiquer un commerce doit satisfaire, garantissant ainsi sa protection légale en cas de conflit.

Qui est véritablement commerçant ?

Est commerçant le professionnel qui exerce des actes de commerce et en fait sa profession habituelle. Les actes de commerce sont des opérations réalisées avec une contrepartie financière, comme l'achat pour la vente et la revente de certains services dans l'hôtellerie, la restauration, le spectacle, etc.

Ainsi, l'OHADA considère comme actes de commerce :

- l'achat de biens, meubles ou immeubles en vue de leur revente ;
- les opérations de banque, de bourse, de change, de courtage, d'assurance et de transit ;
- les contrats entre commerçants pour les besoins de leur commerce ;
- l'exploitation industrielle des mines, carrières et de tout gisement de ressources naturelles ;
- les opérations de location de meubles ;
- les opérations de manufacture, de transport et de télécommunication ;
- les opérations des intermédiaires de commerce ;
- les actes effectués par les sociétés commerciales.

Les actes de commerce exercés ponctuellement ne donnent pas la qualité de commerçant. Il s'agit de les réaliser à titre de profession habituelle, c'est-à-dire de manière répétée. Le commerçant agissant pour son propre compte doit en tirer ses revenus.

Comment devenir légalement commerçant ?

Il faut remplir toutes les conditions définies par l'OHADA : avoir la capacité juridique d'exercer un commerce et n'être soumis à aucune incompatibilité, interdiction ou sanction pénale.

La capacité juridique est l'aptitude, pour une personne, à avoir des droits et à les exercer. Si vous souhaitez exercer une activité commerciale, vous devez pour cela être une personne majeure.

Ne peuvent donc pas être commerçants :

-le mineur,

-le majeur incapable,

-le conjoint d'un commerçant sauf s'il accomplit ces actes séparément de ceux de son époux ;

-les personnes dont l'activité est déclarée incompatible avec celle du commerce, telles les fonctionnaires, officiers ministériels et auxiliaires de justice (avocat, huissier, commissaire priseur, agent de change, notaire, greffier, administrateur et liquidateur judiciaire), comptables et experts comptables agréés, commissaires aux comptes, conseils juridiques, courtiers, et toute profession susceptible d'être réglementée.

En outre, la personne ayant fait l'objet d'une interdiction ne peut exercer un commerce directement ou par personne interposée, sauf à demander la levée de cette interdiction. Précisons que le non-respect des incompatibilités entraîne des sanctions pénales et disciplinaires.

Les obligations comptables du commerçant

Tout commerçant doit posséder des documents comptables qui enregistrent quotidiennement les opérations commerciales : un livre-journal, un grand livre et un livre d'inventaire. Le commerçant doit y mentionner son numéro d'immatriculation au RCCM et les présenter ensuite au président du tribunal de commerce pour qu'ils soient côtés et paraphés. Le commerçant doit en plus établir chaque fin d'année les états financiers de synthèse : le bilan, le compte de résultat, le tableau financier des ressources et des emplois, l'état annexé et l'état supplémentaire. Ces comptes annuels doivent être réguliers, sincères et donner une image fidèle du patrimoine, de la situation financière et du résultat de l'entreprise.

Les démarches à effectuer

Le Centre de formalités des entreprises (CFE) aide à l'immatriculation au RCCM, il fournit les informations relatives aux organismes sociaux et aux services fiscaux. Si l'on est en dehors du pays, la possession d'une carte de commerçant est obligatoire. Enfin, cela peut paraître banal, mais il ne faut pas oublier de procéder à l'ouverture d'un compte bancaire.

IX. Le transport routier de marchandises doit faire l'objet d'un contrat

Le transport routier de marchandises est un sujet lié à l'intégration régionale, surtout dans un pays comme le Congo qui, par sa position géographique, est un pays de transit. Nous étudierons ci-après les principaux points du contrat de transport par route de marchandises, que certains considèrent à tort comme un acte banal sans retombées juridiques.

La loi OHADA s'applique aux contrats de transport par route lorsque les lieux de prise en charge et de livraison se situent sur le territoire d'un État signataire. En cas de transport international, l'un au moins des territoires concernés doit se situer dans cet espace. Relevons que les transports de marchandises dangereuses, les transports funéraires, les transports de déménagement, les transports à titre gratuit et ceux soumis à une convention postale internationale ne sont pas régis par les textes OHADA.

Transporter des marchandises est avant tout un acte juridique

C'est donc un contrat qui nécessite la rencontre des consentements et s'exécute entre deux parties : l'expéditeur et le transporteur. Il a pour objet de déplacer par route une marchandise d'un lieu à un autre à l'aide d'un moyen de transport, généralement un véhicule. Le législateur définit le contrat de transport de marchandises comme tout contrat par lequel une personne physique ou morale - le transporteur - s'engage principalement et moyennant rémunération à déplacer par route d'un lieu à un autre et par le moyen d'un véhicule, la marchandise qui lui est remise par une autre personne, l'expéditeur. Le contrat prend date dès que l'expéditeur et le transporteur sont d'accord pour le déplacement d'une marchandise, moyennant un prix convenu.

Afin d'assurer la bonne exécution du contrat, l'expéditeur doit fournir au transporteur des documents de transport : la lettre de voiture, les documents de douane, ceux attestant le mode d'emballage, le nombre de colis et leurs numéros, etc. Le transporteur, pour sa part, n'a pas l'obligation d'examiner les documents qui lui sont remis par l'expéditeur. Par contre, il reste tenu des conséquences de leur perte ou de leur utilisation incorrecte. Il doit alors payer une indemnité à l'expéditeur qui ne saurait être supérieure à celle qui serait due en cas de perte de la marchandise.

Exécution du contrat de transport

La période de transport s'étend de la prise en charge de la marchandise par le transporteur en vue de son déplacement jusqu'à sa livraison. À ce stade, l'expéditeur doit payer le prix du transport et emballer sa marchandise, car en cas de défectuosité de cet emballage il serait responsable des dommages causés aux personnes et aux autres marchandises. Le défaut d'emballage présentant un risque pour la sécurité des personnes et des marchandises, le transporteur n'est pas tenu de livrer la marchandise si le défaut d'emballage n'est pas corrigé dans un délai raisonnable. S'il y a bris en cours de route, le transporteur peut, pour prémunir les personnes et les marchandises du risque encouru, décharger la marchandise pour le compte de l'expéditeur et l'en informer. Le transport prend alors fin après ce déchargement. Pour sa part, le transporteur doit prendre en charge la marchandise, la déplacer et la livrer à destination dans l'état. Le transporteur doit, de plus, vérifier l'exactitude du nombre de colis, leurs marques et leurs numéros, l'état apparent de la marchandise et l'emballage. En cas d'empêchement par route et à la livraison, le transporteur doit informer le destinataire de la marchandise et lui demander des instructions, sans oublier d'en informer l'expéditeur.

La livraison de la marchandise est effective lorsque le transporteur remet la marchandise et une copie de la lettre de voiture au destinataire au lieu prévu, contre décharge. Relevons que le destinataire de la marchandise, par son acceptation de la marchandise, devient partie au contrat de transport conclu au préalable entre l'expéditeur et le transporteur.

Responsabilité du transporteur

Pendant la période du transport, le transporteur est responsable de l'avarie, de la perte totale ou partielle de la marchandise ainsi que du retard de la livraison, que le juge assimile à un défaut de livraison. Il est encore responsable des maladresses de ses mandataires agissant dans l'exercice de leurs fonctions. Le transporteur doit par conséquent faire face à une sanction financière : une indemnité ne pouvant excéder 5.000 FCFA par kilogramme de poids brut de la marchandise. En cas de retard, l'indemnité due est équivalente au prix du transport. Le transporteur peut se libérer s'il prouve que la perte, l'avarie ou le retard sont dus à un vice propre à la marchandise ou à des circonstances qu'il ne pouvait éviter.

X. La rémunération des dirigeants d'entreprise

Président-directeur général, directeur général, gérant... désignent les personnes haut placées dans les entreprises qui décident de l'avenir de notre économie. Les dirigeants sociaux ont donc le pouvoir de gérer, d'administrer, de diriger ou de représenter une structure. La rémunération qu'ils perçoivent continue d'être au cœur de débats conduisant, sous d'autres cieux, à une réforme.

Le législateur OHADA a encadré cette pratique dans les pays signataires afin d'éviter tout écart. **Crespin Simedo**, Directeur juridique et fiscal associé du cabinet Ernst & Young de Brazzaville, nous éclaire sur ce sujet à controverse. Son exposé ci-après se limite aux formes de société les plus usitées dans l'espace OHADA : la société anonyme (SA) et la société à responsabilité limitée (SARL).

Le fameux « parachute doré » tant décrié en Occident : des dirigeants sociaux qui perçoivent divers revenus fait débat. Le travail fourni et les lourdes responsabilités justifient-ils l'importance de ces rémunérations ? Existe-t-il un réel excès ou est-ce simplement une indemnité visant à compenser leur position délicate en fin de mandat ? Les professionnels du droit crient au scandale et demandent une transparence autour de ces rémunérations, tandis que d'autres les justifient comme comblant l'absence de protections dont jouit le dirigeant salarié. À ce jour, le débat reste ouvert...

Qui sont ces dirigeants ?

Le droit OHADA les décrit selon les types de société. Dans les SA, il est prévu deux modes d'administration et par conséquent différentes sortes de dirigeants : la SA avec administrateur général et la SA avec conseil d'administration.

La SA avec administrateur général est administrée et dirigée par un administrateur général, assisté par un ou plusieurs administrateurs généraux adjoints. La SA avec conseil d'administration est, quant à elle, dirigée soit par un président du conseil d'administration et un directeur général pouvant se faire assister par un ou plusieurs directeurs généraux adjoints, soit par un président-directeur général pouvant se faire seconder par un ou plusieurs directeurs généraux adjoints.

Le droit OHADA prévoit pour la SARL une gérance de fait ou de droit. Les gérants de droit sont désignés par les statuts ou par une décision ultérieure des associés, et les gérants de fait sont ceux qui, sans avoir été investis, remplissent de fait les fonctions de gérance.

La rémunération versée aux dirigeants de SA

Le dirigeant actionnaire reçoit trois types de rémunération dans le cadre de l'exercice de son mandat :

-une indemnité de fonction, autrefois appelée « jetons de présence » ;

-une rémunération exceptionnelle pouvant comporter des avantages en nature pour une mission ou un mandat particuliers ;

-la rémunération au titre d'un contrat de travail avec la société, si ce contrat correspond à un emploi effectif.

Il perçoit, par ailleurs, le remboursement de ses frais de voyage et de déplacement et des dépenses engagées dans l'intérêt de la société.

Les dirigeants non-actionnaires - le directeur général et le directeur général adjoint - sont aussi rémunérés dans le cadre de leur mandat social. Le montant de leur rémunération est fixé par le conseil d'administration qui les nomme et qui peut leur attribuer des avantages en nature. Ils peuvent aussi recevoir des rémunérations versées au titre d'un contrat de travail avec la société.

L'administrateur général peut percevoir des rémunérations dans le cadre de son mandat social. Sur décision de l'assemblée générale, il reçoit :

-une somme fixe annuelle à titre d'indemnité de fonction ;

-des rémunérations exceptionnelles pour les missions et mandats qui lui sont confiés ;

-le remboursement des frais de voyage et de déplacement et des dépenses engagées dans l'intérêt de la société ;

-des avantages en nature.

Pour sa part, l'administrateur général adjoint reçoit une rémunération et des avantages en nature fixés par l'assemblée générale ordinaire. Notons que l'administrateur général et l'administrateur général adjoint peuvent percevoir un salaire en rémunération d'une activité salariale au sein de la société.

La rémunération versée aux gérants de SARL

Le gérant est rémunéré dans le cadre de l'exercice du mandat social et de l'exercice d'une fonction salariale. L'exercice du mandat social peut être gratuit ou rémunéré selon les conditions fixées dans les statuts ou par l'assemblée des associés, qui décide de lui attribuer des avantages en nature. Le gérant peut cumuler au sein de la SARL un mandat de gérant avec un contrat de travail et percevoir un salaire.

FORMULAIRES D'ABONNEMENTS A LA REVUE
CONGOLAISE DE DROIT ET DES AFFAIRES

ABONNEMENTS FRANCE / ESPACE OHADA/EUROPE

NOM ou RAISON SOCIALE :
....
....

ADRESSE :...
....

Téléphone :.. ....

E-mail :.. ....

Tarif Abonnement :
1 an (4 numéros + Numéros Spéciaux) : 120€
(+ Frais de port) : 30€
Total 150€

Règlement par chèque à l'ordre de : Inès Féviliyé

Adresse : 23 rue de Saveuse, 80 000 Amiens (France)

Tél : 00336 09 75 41 58

E-mail : rcdroit@yahoo.fr

COMMANDES

NOM ou RAISON SOCIALE : ....
....

ADRESSE :...
....

Téléphone :........................ ....

E-mail :............................. ....

Commande de ....exemplaires du N°.............de la Revue Congolaise de Droit et des Affaires

Prix à l'unité :..............(FCFA)/................(Euros)...............(Dollars)

Total :..............(FCFA)/...................(Euros)...................(Dollars)

(+ Frais de port) : 1000 FCFA/ 2 euros/4 dollars, à l'unité

Total Général :...........(FCFA)............(Euros)...................(Dollars)

Adresser la Commande à Inès Féviliyé : 23, rue de Saveuse, 80000 Amiens (France) ou BP 761 Pointe-Noire (Congo)

Tél : 00336 09 75 41 58

E-mail : rcdroit@yahoo.fr.

Titres déjà parus :

- o Revue Congolaise de Droit et des Affaires, n°1
- o Revue Congolaise de Droit et des Affaires, n°2
- o Revue Congolaise de Droit et des Affaires, édition spéciale n°1 : le nouveau droit des marchés publics au Congo-Brazzaville.
- o Revue Congolaise de Droit et des Affaires, édition spéciale n°2 : Spécial OHADA/Adhésion de la République Démocratique du Congo.
- o Revue Congolaise de Droit et des Affaires, n°3
- o Revue Congolaise de Droit et des Affaires, n°4
- o Revue Congolaise de Droit et des Affaires, n°5

REVUE CONGOLAISE DE DROIT ET DES AFFAIRES

Numéro 6 - 2011

La Revue Congolaise de Droit et des Affaires étudie de manière approfondie et régulière le droit applicable au Congo.

La Revue est un vecteur d'information, de communication et d'échanges pour les professionnels du droit, des affaires et pour le grand public.

La Revue est au service du droit et de la Bonne Gouvernance, elle contribue à rendre le droit accessible pour améliorer sa prévisibilité au Congo.

La Revue est également consacrée aux affaires, la connaissance du droit en vigueur étant fondamentale dans le monde des affaires.

La Revue rend compte de toutes les initiatives améliorant le climat des affaires et assurant la bonne marche de l'économie

La Revue est disponible au Congo et à l'étranger.

Pour proposer des contributions, Ecrire à l'e-mail : rcdroit@yahoo.fr

La Revue n'entend donner aucune approbation aux opinions exprimées.
Elles sont personnelles à leurs auteurs.

20 euros (France/Europe)
5000 FCFA (Congo/Espace OHADA)
25 dollars (RDC)

46757 - juillet 2012
Achevé d'imprimer par
1livre.com
du rêve à la réalité !

Printed in Dunstable, United Kingdom

91222506R00054